DER PAPALAGI

帕帕拉吉

劃破天空的文明人

南太平洋酋長眼中
荒謬的現代文明

百年經典重現

ERICH SCHEURMANN
埃利希・薛曼——著
彤雅立——譯

目錄

帕帕拉吉這個詞的意思是：白人、外國人，就字面上翻譯，則是「劃破天空的人」。第一位來到薩摩亞的白人傳教士，是搭乘帆船而來的。

當地人以為那遠方來的白色帆船是天空的破洞，白人穿越它，來到他們這裡——帕帕拉吉劃破天空。

前言

杜亞比[1]從來沒有想過要將這些談話出版給歐洲人讀，甚至付梓印刷；他的這些談話畢竟是專為玻里尼西亞[2]的同胞們準備的。我在這位土著不知情的情況下，將他的談話傳達給歐洲讀者，這樣肯定違背了他的意願；我想我們這些白人與文明人，如能知道這個與自然依然保有深刻連結的人是怎麼看待我們與我們的文化，會何其有幸。從他的眼睛，從一個我們永遠無法採取的角度，我們看見自己。儘管特別是文明的狂熱者會覺得他的看法太天真，對，幼稚，也許還是愚蠢的，但比較理性與謙虛的人一定會同意杜亞比的某些話，並且開始反思；因為他的智慧，因為他的智慧源自上帝的純樸，而非來自博學的知識。

這些談話恰恰是在呼籲南太平洋所有的原始民族去擺脫歐陸

的進步民族。杜亞比蔑視歐洲，他深信自己的祖先最大的錯誤，就是歡欣接受歐洲文化的洗禮。好比那位法加沙[3]的少女，她在高高的礁石上用扇子阻擋了第一位白人傳教士，她說：「你們這些做盡壞事的惡魔，你們走！」——同樣的，他也在歐洲看見黑暗的惡魔，以及毀滅的原理，人們必須自保，並且保有純真。

我剛認識他的時候，他與世無爭、遺世獨立地生活在距離歐洲非常遙遠的小島上，那島名叫烏波盧[4]，屬於薩摩亞群島[5]，他住在提維亞[6]，是村裡位階最高的酋長與村長。他給人的第一印象是魁梧而友善的。他的身高約兩公尺，體型極為壯碩。然而他的嗓音卻很柔和，像女人那樣輕聲細語，形成一種違和之感。在他濃眉底下的深色雙眼，眼底透露著一種深邃。儘管如此，只要有人突然跟他攀談，他的眼睛又會溫暖地活靈活現，透出一種慷慨明亮的情緒。

此外，杜亞比與他的原住民弟兄沒什麼差別。他喝卡瓦酒[7]，早晚參加「羅托」[8]，吃香蕉、芋頭與果醬，凡事依照家鄉的風俗。只有最親近的人才知道，每當他躺在家中的大蓆子上，瞇著眼彷彿正在做夢時，腦海中的思緒正翻騰，只求豁然開朗。

當原住民普遍像孩子那般，只生活在感覺的世界裡、徹底投入當下，而完全無視自身或周遭的環境，杜亞比這時便顯得與眾不同。在跟他一樣的人當中，杜亞比顯得如此不凡，因為他擁有自覺，那是一種內在力量，將我們與原始的民族區分開來。

這樣的與眾不同，也讓杜亞比的內心升起了想要體驗遙遠歐洲的願望；當他還是學生、在天主教聖母會教會學校住宿時，就已經非常渴求，只是成年以後才得以實現。他極度渴望體驗，參加了一個當時造訪歐陸的異民族展覽團[9]，遊歷歐洲諸國，習得有關這些國家的文化與特性的正確知識。我曾不只一次感到驚訝，他所知道的，哪怕只是不起眼的小細節，都是準確的。杜亞比擁有高度的天賦，能夠冷靜而無偏見地觀察。沒有什麼可以蒙蔽他，也沒有任何言語引他離開真理。他彷彿能洞見事物，在各種學說當中始終保有自己的思考。

作為村莊的一員，我在他的身邊生活了一年多。起初他無法卸下心防，直到有一天，他徹底忘記我是個歐洲人，這時我們才變成了朋友。那時他終於相信我已成熟，能夠理解他樸素的真理，而非一笑置之（我也從來不曾這麼做）。這時他才拿出手記，將其中的片段念給我聽。他毫不費力地念出來，也不刻意使用演說的方式，彷彿他所述說的都是遙遠的歷史。但正是這樣的朗讀，使得他所說出來的話語顯得更加明白與純粹，我的內心於是升起一股願望，想將我所聽見的保存下來。

過了許久，杜亞比才將他的手記交給我，並且允許我把它翻譯為德文，他以為我的翻譯只是私人註解，不帶有其他的目的性。裡面所有的談話都是未完成的草稿。杜亞比從來沒有以其他角度看待它。直到有一天，他在腦海中將這些素材完整梳理，最後終於想通，於是開始在玻里尼西亞進行他所謂的「傳教工作」。

那時候，我得離開大洋洲，沒能等到這場旅行。

我懷著胸心壯志，盡可能忠於原文翔實翻譯，在內容編排上，我也不願意越雷池一步，儘管如此，我還是感到談話當中的直覺性、那種親近的氣息已然消失。假如你能懂得箇中難處，或許就會原諒——將一種原始的語言轉譯為德文，要將那些聽來天真的表達，用另一個語言說出來，並且不讓人感到平庸乏味，是多麼不容易啊。

杜亞比這位未經教化的島民，認為歐洲人的所有文化成就都是走向死胡同的謬誤。若不是用散發謙卑之心的美好真誠來演說，他的話語聽來或許是狂妄的。他警告自己的同胞，呼籲他們別受到白人的蠱惑。但他這麼做的時候，聲音充滿憂傷，證明了他熱衷傳教都是源於對人類的愛，而非惡意。「你們以為給我們帶來光明，事實上，卻是要把我們拉進你們的黑暗裡。」我們最後一次相聚時，他這麼說；他用孩子的真摯與誠實來觀察事物與生命的發展過程，然後陷入思考的矛盾、發現重大道德缺陷，藉著一一述說與召喚，這些成為了最終形成的經驗。他無法看出歐洲文化的高度價值之所在——假如這些文化讓人遠離自我，變得虛假、不自然且更差勁的話。他開始列舉出我們的成就，從外表如皮膚開始一一指稱，態度既不歐洲也不虔敬，藉此描繪我們生活的片段。不知道的人，恐怕會對作者或書中所提到的事物一笑置之吧。

在我看來，杜亞比的談話對我們歐洲人與這份發表的正當性而言，其價值在於這種天真的坦率與不虔誠。世界大戰使我們歐洲人開始懷疑自己，我們也開始審視事物的本質，開始懷疑自己是否能透過自身文化，來實現自我的理想。因此我們不願意自以為多麼有教養，而是擺脫高高在上的情境，去看看這位南太平洋島民的質樸的思考與看法。他不曾受到教育的負累，仍然保持自然原始的觀看與感知方式，透過他，我們能夠體認到，唯有去除自己的光環，才能擺脫那些生活中離不開的東西。

埃利希．薛曼

註釋

1 南太平洋的酋長，來自提維亞鎮的杜亞比，他的談話儘管尚未發表，卻似乎已經用土著語言寫下來了。這些稿件於是被譯成了德語。

2 玻里尼西亞（Polynesia），太平洋中南部的區域，位於太平洋一百八十度經線以東的地帶，由上千個島嶼組成，包含大溪地、夏威夷、薩摩亞群島、庫克群島、斐濟與吐瓦魯等。

3 法加沙（Fagaasa），薩摩亞島的地名。

4 烏波盧（Upolu），薩摩亞群島的主要島嶼之一。

5 薩摩亞群島（Samoagruppe），位於南太平洋，屬於玻里尼西亞的一部分。

6 提維亞（Tiavea），烏波盧島上的主要城鎮之一。

7 卡瓦酒（Kava），薩摩亞群島常見的一種飲料，原料來自卡瓦樹叢的根。

8 羅托（Loto）意為「禮拜」。

9 異民族展覽團（Völkerschaugruppe）為一八七〇至一九四〇年歐美文明國家對於原始部落進行的「異民族展示」（Völkerschau，英譯：Human Zoo），又譯為「人種秀」或「人種展示」，為西方帝國主義國家對國內民眾展示殖民地風土文化之手段。

被腰布與草蓆
遮蔽身體的帕帕拉吉

帕帕拉吉努力遮蔽自己的身體。「身軀與四肢皆是身體，只有脖子以上是真正的人」，一位備受推崇、聰明的白人這樣告訴我。他說，只有精神與一切優劣思想所停留的地方，才值得注目。也就是腦袋。白人不喜歡遮蔽它，以及雙手，除非是特殊情況。雖然頭與手跟肉與骨並無不同。而且，如果有人露出身上的肉，就不符合文明的要求。

如果一個年輕人想娶一名少女為妻，由於從來無法事先看到她的身體，因此也無從得知自己是否被戴了綠帽子[1]。那名少女可能出落得美，像陶波女王[2]那樣，她遮蔽自己的身體，以免讓人看見，或因此想入非非。

肉身即罪惡。帕帕拉吉如是說。他的精神因為思考而偉大。

向日光揮舞的手臂，是罪惡的箭矢。在呼吸之中波動的胸脯，是罪惡的居所。為我們跳西瓦舞[3]的處女，她們的四肢罪孽深重。那些創生人類、給大地帶來歡愉的交纏的四肢——是有罪的。凡是肉身，全部都有罪。毒素存於每根肌腱，那陰險的毒素，從一個人跳到另一人身上。誰注視肉身，毒素就會攀附吸入，使他受傷，使他變得跟那些被注視的人一樣壞惡與墮落。——白人神聖的道德準則如此宣告。

因此，帕帕拉吉的身體從頭到腳都用腰布、草蓆與獸皮包裹起來，包裹得密不透風，讓人的眼睛與日照的光線都無法穿透；如此密實，使他的身軀蒼白，既白且疲倦，好似在原始森林深處生長的花朵。

眾多島嶼上聰慧的弟兄們，讓我告訴你們，帕帕拉吉一個人身上有多少負擔！在最裡面包裹身體的，是一層薄薄的白色外皮，取自植物纖維，我們稱之為上層外皮，通常會把它用力往上拋，並且讓它落在頭部、胸部、手臂與大腿。另外，從下到上覆在腿部、大腿與肚臍的，就是所謂的下層外皮。兩種外皮被厚厚的第三層遮蔽，由四足動物的羊毛編織而成，牠是為此目的而被飼養的。這就是所謂的腰布，由三部分組成，一片覆蓋上半身，另一片覆蓋身軀中段，第三片則覆蓋大腿與小腿。這三部分由貝殼與繩子相互繫住，看起來彷彿一個整體。繩子則由橡膠樹脂曬乾製成。[4] 這片腰布通常是灰色的，色澤就像雨季時的瀉湖，它的色彩總是不宜鮮豔。至多是中間那片，而且只有喜歡炫耀自己、到處追女人的男人才會這樣穿。

最後，雙腳的部位還有一片軟皮與一片硬皮。軟皮大多有彈性，所以很合腳，硬皮就沒辦法了。它是從強壯動物的獸皮而來，經過長久浸泡、刀刮、日曬，直到變硬的過程。帕帕拉吉以這樣的方式造出一種獨木舟，船緣高起，大小剛好容得下一隻腳。左右腳各一艘。這些載腳的船被繩索與倒鉤緊緊栓在腳踝，並且打結，於是雙腳有了堅固的殼，好比一只貝殼裡的肉。從日出到日落，帕帕拉吉穿著這些腳殼旅行、跳舞，就算天氣熱得如同下過一場熱帶雨，他依然穿著它們。

因為這樣實在太不自然，白人大概也發現了，也因為這樣會讓雙腳像死了一樣開始發臭，又因為事實上，多數歐洲人的腳已經失去抓東西與爬上棕櫚樹的能力，於是帕帕拉吉企圖遮蔽自己的愚蠢，他是這麼做的——用髒東西塗在發紅的動物皮上，然後反覆摩擦使它發亮，這麼一來，大家就會因為無法忍受那種刺眼而把目光移開。

從前從前，有個帕帕拉吉住在歐洲，他變得有名，許多人都來找他，因為他跟他們說：「你們腳上穿的殼都太緊、太重了，這樣是不對的，只要夜晚的露水還覆在草地上，那就赤腳走到天空底下吧，一切疾病都會消散的。」這個男人非常健康且聰明；但是大家都嘲笑他，很快把他給忘了。

女人也跟男人一樣，將許多草蓆與腰布包在身軀與大腿上。她們的皮膚布滿疤痕，以及繩索的勒痕。她們的胸脯變得平坦、擠不出母乳，從脖子到下腹，草蓆緊緊裹在前胸與後背——這片堅硬的蓆子是用魚骨、金屬線與棉線製成的。大部分的母親於是用玻璃瓶給孩子們餵奶，瓶身底部是封死的，上面則有個人工奶頭。她們餵的也不是自己的母奶，而是來自一種紅色、醜陋且長角的野獸，人們粗暴地在牠的腹部插上四根栓塞，吸走了牠的奶。

順道一提，女人與少女的腰布比男人的薄，且可以是彩色奪目的。她們暴露脖子與手臂，比男性還要暴露。儘管如此，一名少女穿著保守，儘量遮蔽身體，還是被視為一件好事，大家會高興地說——她是貞潔的；意思就是，她遵循文明的要求。

我實在想不通，為什麼在大型聚會與宴席當中，男男女女都要露出脖子與背部給人家看，並且絲毫不覺得羞恥。也許這就是歡樂宴會的一種調劑，僅允許這麼一次，而非天天如此。

只有男人始終把脖子與背部緊緊包覆。這位「阿立」[5]身穿腰布，覆蓋住從脖子到乳頭的部位，那片挺立的腰布是由一大片上了漿的芋頭葉所製成。腰布上方的脖子，被同樣上了漿的白色長圈圍住。他用一條彩色的腰布穿過這個白色長圈，把它們像船繩那樣纏繞，再用一個金色釘子或玻璃珠把它釘穿，使之垂墜在胸前的護甲。許多帕帕拉吉也穿戴上了漿的手環，只戴在手腕，卻從不戴在腳踝。

這種白色的護甲與上漿的白環意義非凡。只要有女人在的地方，帕帕拉吉就絕對會穿戴這樣的脖子圍飾。如果漿環變黑、不再閃亮，那樣就更糟了。所以很多位階高的阿立，每天都要替換胸前的護甲與漿環。

女性通常有許多色彩鮮艷的節慶草蓆，她們有許多高大的箱屋都是滿的，並且總在思考考今明兩天應該穿那件腰布，要穿長的還是短的，興致高昂地談論自己打算在節慶上穿戴哪件首飾——男性就不同了，他們大多只有一件慶典服裝，而且從來不會討論它。這就是所謂的「鳥服」，一種深黑色的腰布，在背部尾端尖起收束，有如叢林鸚鵡的尾巴。[6]穿上裝飾性的服裝，手上也得戴著白皮，它包住每根手指，緊得讓血液沸騰、回流心臟。他們讓理性的男人也只能在手上穿戴這樣的白皮，或是將之夾在乳頭下方的腰布上。

只要有一個男人或女人離開茅屋，踏進巷弄，就會給自己裹上一片寬大的腰布，依照天氣的陰晴來選擇腰布的厚薄。然後，男人會用黑色的護蓋罩住自己的頭，上方拱起、裡面中空，就像薩摩亞群島上的屋頂，女人們則用樹皮編織的大籃子，或把它倒過來，在上面別上永不凋謝的花朵、裝飾羽毛、戰舞的碎布，把這些比什麼都美的東西放上去，就算在暴風中或跳舞時，也不會從頭頂落下。打招呼的時候，男人會搖搖頭上的護蓋，女人則將頭上負載的東西微微前傾，看起來就像一艘沒有裝滿的船。

帕帕拉吉只有在夜裡尋找草蓆時，才會把所有的腰布丟開，然後用給自己蓋上一片新的腰布，由於它的底部是敞開的，雙腳於是露出來了。少女與女人在穿戴這種夜間腰布時，脖子上通常有許多裝飾，只是大家很少有機會看見。只要帕帕拉吉躺在自己的草蓆上，他就會迅速將一隻大鳥腹部的羽毛蓋在身上，及至頭部，他把羽毛集中在一只大腰布底下，免得四處飛散。這些羽毛讓身軀開始流汗，帕帕拉吉不由得以為自己置身陽光底下，即便太陽根本沒有出來。其實帕帕拉吉也不怎麼喜歡太陽。

如今真相大白，因為這樣，帕帕拉吉的身軀始終一片蒼白，而沒有令人喜悅的色彩。但是白人喜歡這樣。是的，女人亦步亦趨地保護她們的皮膚，尤其是少女，為的是避免皮膚被烈日曬紅，只要走到陽光底下，就找東西遮擋，扛著一個大屋頂在身上，彷彿月亮般蒼白的顏色比陽光的豔麗還要可貴。但是帕帕拉吉喜歡在各方面以自己的方式來表現智慧與準則。因為他鼻子像鯊魚的牙齒那般尖，看來也很英挺，我們的鼻子則永遠都圓圓的，帕帕拉吉覺得那樣很醜，實在沒理由說它好看，可是我們的想法恰恰相反。

由於女人與少女的身軀都緊緊包住，男人與少年於是極度渴望看見她們的肉體；這也是自然的事。他們從早到晚都想著這件事，不斷聊起女人與少女的體態，儘管這是一件自然的好事，他們卻老是覺得像犯了滔天大罪，只能在暗地裡進行。如果女性的肉體向他們袒露，他們就會把心思更多地放在其他事情上，而不必在遇見少女的時候斜眼窺看、口出淫辭了。

然而，肉體是罪，是惡魔。親愛的弟兄們，有沒有比這更愚蠢的想法呢？——如果相信白人說的話，那麼大家可能會期待我們的肉體跟火山熔岩一樣硬，而沒有由內而生的美好溫暖了。然而，我們的肉體是可以跟太陽說話的，我們的雙腿可以像野馬一般奔馳，這點我們應該感到高興，因為腰布無法綁住它，腳殼無法重壓它，我們也不用擔心頭上的遮蔽落下。讓我們為少女高興，她們身軀美麗、在太陽與月亮的光中展現四肢。白人因為害怕羞恥，而把身體緊緊裹住，這樣不僅愚蠢、盲目，而且也不會有真正的快樂。

註釋

1 杜亞比手記旁註：即便後來結了婚，她也很少向他坦露身體，頂多是在夜裡或黎明時分。

2 陶波女王（Taopou），薩摩亞的村中少女、童話女王。

3 西瓦舞（Siva），當地人的民俗舞蹈。

4 杜亞比指的是鈕釦與橡膠圈。

5 「阿立」（Alii），「先生」之意。

6 這裡指的是燕尾服。

在石箱屋、裂縫
與石頭島之間

帕帕拉吉像海貝那般，住在一個堅固的居所裡。他住在石頭之間，就像火山熔岩裂縫之間的蜈蚣。他的四周、上面與身邊都是石頭。他的茅屋好比一個石頭做成的方箱——有許多抽屜，上面布滿了洞洞。

這座石屋只有一個地方可以進出。每當帕帕拉吉要鑽進茅屋的時候，就稱這個地方為入口，他要鑽出去的時候，就叫它出口；儘管兩個稱呼根本是同一種東西。現在在這裡多了一大片木製的翼板，如果要進屋，就要用力推開。不過，這才剛剛開始，因為其實茅屋裡面還有許多的門片需要推開。

大部分的茅屋都住著比薩摩亞群島的一個村莊還要多的人，因此如果要前往拜訪，就得記清楚「亞嘎」[1]的名字。因為每個亞嘎在這座石箱屋裡，都有它特殊的位置，如上、下、中、左、右，或是就在前方。一個亞嘎常常對其他亞嘎一無所知，他們絲毫不知道，彷彿不只有一面石牆，而是在他們之間，橫亙著馬諾諾島、阿波利馬島、薩瓦伊島與許多座海洋。他們幾乎不知道自己的名字，就算在入口的洞洞遇到，也是心不甘情不願地打個招呼，或是像帶著敵意的昆蟲低鳴幾聲，彷彿在發洩生活得太靠近的怒氣。

要是亞嘎住在上面，也就是茅屋屋頂之下，那麼大家就得爬上許多枝椏，一路蜿蜒或者圓弧狀，才終於抵達目的地，那裡的牆上寫有亞嘎的姓氏。這時候，大家會看到眼前有個嬌美的仿製品，也就是女性的奶頭，在上面按一下，就會出現一陣喊叫聲，叫喚亞嘎一家過來。他們會透過牆上一個有柵欄的小圓洞，好確認外面來的不是敵人。然後他們先不開門；要是他們認出對方是朋友，就會立刻解開那道拴緊的木板大門，然後把他們拉進來，讓客人踏進裂縫，進到真正的茅屋。

這間茅屋於是又被許多陡峭的石牆分開，大家鑽進一扇又一扇的翼板，一個比一個小的箱屋。帕帕拉吉把房間稱作箱屋，每個箱屋都個洞，如果箱屋大些，就有兩個以上的洞，光會從外面透進來。這些洞裝上了可以取下的玻璃，好讓新鮮空氣能進到箱屋裡，這樣做非常必要。不過，也有很多箱屋沒有洞洞讓光線與空氣流通。

一個薩摩亞人在這樣的石箱屋很快就會窒息，因為再也沒有其他地方會像薩摩亞人的茅屋那樣，讓空氣自由流通。而且廚房的炊煙也會尋找出口。不過，外面吹進來的空氣通常也不會比較好；人在這裡怎麼不會死掉？怎麼不會因為內心的渴望而變成一隻鳥、長出翅膀、追逐風與太陽？實在令人難以理解。但是帕帕拉吉熱愛他的石箱屋，就一點也看不到這些箱屋的壞處了。

這裡的每個箱屋都有特殊的用途。最大與最亮的箱屋，是用來進行家庭「弗諾」[2]或者待客的。另一個箱屋則是用來睡覺。這裡鋪著草蓆，是這樣，它們鋪在一只高腳木架上，好讓空氣在草蓆之下流通。第三個箱屋是用來飲食與吞雲吐霧的，第四個用來存放食糧，第五個用來煮飯，最後一個，也是最小的箱屋，則用來沐浴。這間是最棒的，裡面陳設著大鏡子，地板以繽紛的石頭鋪設，中央則有一個大盆，由金屬或石頭製成，水流進盆裡，偶有陽光灑落。這個盆非常巨大，是的，比大酋長的墳墓還要大，大家爬進去，洗滌自己的身體，把石箱屋裡的沙子從身體沖掉。——當然，有些茅屋還有更多箱屋。甚至還有一些茅屋，住在裡面的孩子，各有自己的箱屋，帕帕拉吉的每個僕人，對，還有他的狗與馬，都有自己的箱屋。

帕帕拉吉就在這些石箱屋之間度過他的人生。他一下子在這個箱屋，一下子在那個箱屋生活，端看每天各種時段的需求。他的孩子們在這裡長大，在這高於地面之處，時常比成熟的棕櫚樹還高，孩子們在石頭之間長大。帕帕拉吉時不時會離開他的私人箱屋，他是這麼稱呼它的，因為他要爬進其他的箱屋去工作，在那裡不能有人打擾他，女人與小孩也都不能使用。在這段時間，女孩與女人在廚房箱屋裡，她們煮飯、把腳殼弄漂亮，或者清洗腰布。如果是有僕人的富貴之家，這些工作就是由僕人來做，女孩與女人就會去串門子，或是外出取新的存糧。

歐洲有許多人用這樣的方式生活，他們為數眾多，一如在薩摩亞島上生長的棕櫚樹，不，比棕櫚樹更多。有些人大概極度嚮往森林、太陽與豐沛的日光；但是一般來說，這會被視為疾病，患上的人得戰勝它才行。如果有人不滿意這樣的石頭人生，大家大概會說——這個人違背自然；這句話的意思也就是，他不懂上天的安排。

大量的箱屋相互毗鄰，連成一片，沒有樹木與矮叢將它們分開；它們就像人類肩並肩，每個石箱屋都住著像薩摩亞島上村莊那麼多的帕帕拉吉。假如我們看向對面不遠處，就會發現另一片同樣的石箱屋，同樣肩並肩，裡面也住人。在這兩排箱屋聚落之間，有一條狹窄的縫隙，帕帕拉吉稱之為「街道」。這條縫隙往往像河流那麼長，並且鋪滿了硬石。必須走很長一段路，才能抵達較為空曠之處；不過，這裡又通往其他的房屋縫隙。同樣地，這些縫隙像淡水大河那麼長，到了盡頭，則又遇見長度相當的石頭縫隙。等到又遇到下一座森林，或是一大片藍天，就會需要花上幾天四處找路才行。在縫隙之間鮮少能夠看到真正的天色，因為在每個茅屋至少都有一個火爐，通常有非常多個，空氣總是瀰漫著煙塵，好似薩瓦伊的大火山口噴發的模樣。空中的煙塵如雨下，落在裂縫之上，於是高大的石箱屋看來就像紅樹沼澤的淤泥，人們的眼睛與頭髮都是黑泥，還有硬硬的沙子塞在牙縫中。

但這一切並不礙事，大家依然從早到晚在裂縫中四處走。是的，很多人特別喜歡這樣走。尤其有幾個裂縫格外混亂，人們在其中如沉積的淤泥流竄。這些就是街道，上面築有巨大的玻璃屋，裡面擺放著帕帕拉吉生活所需之物——腰布、頭飾、手腳穿的外殼、食糧、肉、提供真實養分的食物如水果、蔬菜，以及其他更多的東西。它們就這樣攤放著，以吸引人們的目光。可是大家就算需要，也不能拿走其中的東西，他必須獲得一種特別的許可，並且為此帶上一份供品。

這些裂縫裡面危機四伏，因為大家都亂跑，他們行車、騎馬、橫衝直撞，在金屬條載運的玻璃屋上隨之滑行。那裡充滿噪音。你的耳朵幾乎要聾了，因為馬蹄踏在地面的石頭，人們足下硬邦邦的腳殼踏於其上，孩子尖聲、男人喊叫，或愉快或驚嚇，總之大家都在叫。要讓別人了解你，除了喊叫別無他法。舉目皆是這樣的呼嘯、轟隆、頓腳、喧鬧，使人彷彿置身薩瓦伊充滿激浪的陡峭岸邊。但那激浪的呼嘯多麼悅耳，跟石頭裂縫間的呼嘯，是不可同日而語的。

總之，這些住著許多人的石箱屋，高聳的石頭裂縫，數不清的四處流竄的河流，在裡面的人，噪音與呼嘯聲，覆蓋一切的黑色沙塵，沒有樹，沒有藍天，沒有澄明的空氣與雲朵——這一切就是帕帕拉吉所謂的「城市」。那是他們引以為傲的創造。儘管這裡的人們從來不曾見過一棵樹、一座森林、浩瀚的藍天，也與偉大的神靈不曾謀面。這裡的人就像住在潟湖裡的爬蟲類，在珊瑚底下棲居，何況爬蟲類是被清澈的海水沖刷，還有溫暖的陽光照射。帕帕拉吉是否對自己自己收集來的石頭感到驕傲？我不知道。帕帕拉吉這種人很特別。他做了許多沒有意義的事情，也把自己弄得生病了，即便如此，他還是讚美這些事，還為此高歌一曲。

這座城市就是我跟你們說的那個樣子。不過，大大小小的城市很多。一國之中位階最高的酋長住在那些最大的城市裡。所有的城市就像我們海洋上的島嶼那般零星散布。有時距離近得游泳就到了，有時遠得需要旅行一天才能抵達。所有的石頭島嶼以不同的路徑彼此相連。你也可以搭船，船像一條蟲那樣又細又長、不斷地噴煙，在長長的鐵線上快速滑行，那速度比十二人划一艘船全速前進還快。然而，如果你只是想另一座島上的朋友說聲「它羅法」[3]，倒是不必走過去或滑過去找他，只要把你的話吹到金屬線上去，它們會像長長的蔓藤那樣，從一座石頭島晃到另一座去。這些話語會抵達你所指定的地方，比一隻鳥飛行的速度還快。

在所有石頭島之間，就是那片陸地，人稱歐洲之地。這片陸地有一部分跟我們的一樣美麗與肥沃。它有樹木、河流與森林，這裡也有真正的小村落。村裡的茅屋也是石頭造的，不過四周卻被果實纍纍的樹木圍繞，雨水從四面八方洗滌，風則又吹乾它。

住在這些村莊的人，所思所想跟城市人都不一樣。大家稱他們是鄉下人。與生活在裂縫中的人相較，他們的雙手比較粗糙、腰布也比較髒，不過，他們的食物卻比較豐盛。他們的生活比裂縫裡的居民健康、美麗，不過他們自己卻不這麼想，同時羨慕著那些他們稱之為遊手好閒的人，因為那些人不用像自己一樣，需要下田耕種、採收果實。他們與裂縫居民為敵，因為他們必須從自己的土地為這些人提供食物，他們必須摘採果實給裂縫居民吃，必須照料飼養牲畜，直到牠們壯碩的那一天，就要分出一半給那裡的人。無論如何，他們花了很多力氣為裂縫居民準備食物，卻不甚明瞭，為何這些腰布比較光鮮亮麗、雙手比較白嫩的人，不必像他們一樣在陽光底下揮汗，不必在雨中冷得發抖。

裂縫居民才不管這些。他們認為自己的權力比鄉下人高，認為自己的東西比土地上的果實有價值。兩造之間的爭執還不至於演變成戰爭。大致上，帕帕拉吉覺得不管自己是住在裂縫間還是住在鄉下，他都能隨遇而安。鄉下人一走進來，就訝異於裂縫居民的國度，裂縫居民穿過鄉下人的村莊時，嘴裡嘟囔、高聲歌唱。裂縫居民以人工飼養的方式養胖鄉下人的豬，鄉下人則為裂縫居民建造石箱屋，想辦法取悅他們。

而我們這些太陽與光的自由子民，卻只想忠於偉大的神靈，在祂面前，我們不願意拿石頭使心靈更沉重。只有迷途、生病的人、不再握住上帝之手的人，才能在沒有太陽、日光與風的石箱屋之間快樂生活。就讓帕帕拉吉享受那令人懷疑的幸福吧，不過，我們也要不計一切地阻止他們，別讓帕帕拉吉在我們陽光普照的海濱建造石箱屋，讓我們的人間之樂被他們規劃的石頭、裂縫、噪音、煙塵與沙子所摧毀。

註釋

1 亞嘎（Aiga），「家族」、「家庭」之意。

2 「弗諾」（Fono），意為「聚會」、「諮商」。

3 它羅法（Talofa），薩摩亞語「招呼」之意。字面上的翻譯為「我愛你」。

圓金屬與厚紙片

明理的弟兄們，請虔誠地聆聽吧，你看，你們毫無壞心眼，也沒有白人那種驚恐，你們應該感到幸福。傳教士說：神就是愛。這句話從你們每個人身上可以得到證明。一個真正的基督徒只會做良善的事，他眼前總是看見愛的景象。面對偉大的上帝，白人唯有敬拜。兄弟們，這傳教士在欺騙，在說謊，帕帕拉吉收買了他，讓他用偉大神靈的話語來欺騙我們。因為圓金屬與厚紙片，那些他們稱之為「錢」的東西，是白人最真實的神性。

要是你們跟歐洲人談起愛神——他們就會臉部扭曲，微笑起來。他們會笑你傻。然而，要是你給他一塊閃亮的圓金屬或是一張厚紙片，他馬上會眼睛發亮、垂涎三尺。金錢就是他的愛，他的神祇。所有的白人連睡覺的時候都想著這些。許多人的雙手扭曲，腿形跟大紅蟻沒有兩樣，因為他們太常伸手去抓金屬與紙。許多人數錢數到眼睛都瞎了。有許多人，他們放棄自己的快樂來交換金錢、歡笑、名譽、良知與幸福，對，他們還放棄自己的妻小。幾乎所有人都為此放棄自己的健康，來交換圓金屬與厚紙片。行走時，他們把錢放在腰布中的兩層硬皮之間。睡覺時就放在床蓆底下，以免有人拿走。他們日日夜夜、無時無刻都想著它。每個人都一樣！孩子們也是！他們必須也應該想著錢。母親這樣教孩子，父親則做給他們看。所有的歐洲人！假如你去到西亞麻尼[1]的石頭縫隙，你就會無時無刻聽見有人大喊——馬克！接著又一聲——馬克！隨處可聞。那是晶亮的金屬與厚紙片的名字。在法拉尼[2]叫做法郎，在波勒它尼亞[3]叫做先令，在義大利亞[4]則叫做——里拉。馬克、法郎、先令、里拉——它們全部都一樣。它們都叫做錢、錢、錢。金錢就是帕帕拉吉的真神，它就是上帝，我們最敬拜的東西。

不過，要是你待在白人的國度，沒錢也是不行的，就算只是日出到日落的時間，完全沒錢，這樣是不行的。你會無法止住自己的飢渴，夜晚也找不到床蓆。你得付錢，也就是把錢交出去，換得行走的地面，換得一塊地上的小屋，換得過夜用的床蓆，換得照亮小屋的燈光。你也可以換得射鴿子或者在河裡洗澡的機會。假如你要去人們唱歌、跳舞、找樂子的地方，或是有事請教你的兄弟——你就得交出許多圓金屬與厚紙片。一切都得付錢。到處都有你的兄弟站在那裡伸著手，假如你一毛也沒給，他就會蔑視你，或者對你發怒。這時即使你發出謙卑的微笑與友善的眼神，也無法軟化他的心。他會挾怨報復，對你破口大罵：「窮光蛋！流浪漢！懶惰鬼！」全部都代表一樣的事，是給人最大的侮辱。是的，就算出生也要付錢，如果你死了，你的亞嘎（家庭）就得付錢，因為你死了，他們要把你的軀體埋進土裡，還有那塊安在你的墳上讓人追思的大石頭，也是要付錢的。

我在歐洲只見過一樣東西不收錢，人人都可以盡情地做——呼吸空氣。不過我還是寧願以為，是他們忘記收錢，我會毫不猶豫地說，如果有人在歐洲聽見我這樣說，就會馬上開始為呼吸空氣收取圓金屬跟厚紙片了。因為所有的歐洲人都在找新的理由去要錢。

在歐洲，沒錢就像人沒有了頭與四肢。什麼也不是。你得有錢。你需要錢，就像需要吃飯、喝水與睡覺那樣。你的錢越多，你的生活就越好。假如你有錢，你就可以用錢換到菸草、戒指或者漂亮的腰布。你可以換得跟你的錢一樣多的菸草、戒指或腰布。你的錢多，就可以擁有許多東西。每個人都想擁有許多東西，因此人人都想有擁有很多錢。人人都想擁有比別人更多的錢。因而貪得無厭，時時刻刻睜大眼睛想著錢。假如你丟一枚圓金屬到沙灘上，孩子們就蜂擁而上，開始爭奪，拿到的人就是幸運的勝利者。只是很少人會把錢丟到沙灘上。

錢是從哪裡來的呢？你如何得到這麼多錢？噢，方法太多了，簡單的與難的都有。如果你幫兄弟剪頭髮、移走他家門口的垃圾，如果你在海上划獨木舟，或是有特定的想法——那麼就必須說到做到——如果上述的一切需要那麼多的厚紙片與圓金屬，那麼你只要做到了，就很容易得到這些。你只要做就行了，他們在歐洲稱之為「工作」。「只要工作，就會有錢。」這是歐洲的規矩。

帕帕拉吉沒有想過，這當中有個很不公平的地方，他不願意去想，因為這樣一來，他就得直視這種不公。並不是每個很有錢的人都做很多的工作。（對，每個人都想不工作就發財。）事情是這樣的——假如有個白人賺了很多錢，多到食物、房屋、床蓆與其他東西都用不完，那麼他就會馬上用這些多出來的錢去請他的兄弟們工作。為他工作。他首先交付那些會弄髒自己雙手的工作，以及艱困的差事。他讓人移走自己的糞便。如果這個人是女的，那麼就是女傭。她得幫他清潔骯髒的床蓆、洗碗盤與腳殼，她得修補扯壞的腰布，除了服務他，其他的事一概不做。如今，這個男主人或女主人有餘裕進行更大、更強、更愉快的工作，在做這些事情的同時，雙手還能保持比別人乾淨，筋骨比別人更舒暢，而且——賺得比別人還多。如果他是造船的，那麼另一人就得幫他造船。透過造船所賺的錢，原本應該歸造船的人，他卻拿走了最大的一部分，然後很快地找來兩個兄弟來為他工作，然後是三個，越來越多人得替他造船，最後是一百人，或者更多。直到他什麼也不做了，整個人躺在草蓆上，喝著歐洲的卡瓦酒，點燃捲菸，把完工的船交出去，讓人把其他人幫自己賺得的圓金屬與紙片帶過來。然後大家會說——他很富有。他們羨慕他，對他阿諛奉承，說好聽的話。因為在白人的世界裡，一個男人的份量並不在於他高貴與否、有無勇氣，或者思想是否光明，而是看他一天賺多少錢，他堅固的鐵箱，地震也震不垮，鎖在裡面的錢的多寡，才能秤出他的份量。

有許多白人將別人為他們賺的錢積累起來，把那些錢搬到一個安全的地方，越搬越多，多到有一天他不再需要工人替他工作了，因為這時候，金錢自己就會為他工作。這件事情如何不透過厲害的魔術而變成可能，我無從得知——不過，事實就是如此，錢會滾錢，就像樹上的葉子那樣生長，人就算睡覺也會變有錢。

假如有一個人有很多錢，比大多數的人多得多，多到可以讓上百個，上千個人的工作輕鬆些——他一毛也不會給他們。他會雙手環抱圓金屬，身體坐在厚紙片上，眼睛散發著貪婪與狂喜。如果你問他：「你要這麼多錢做什麼？在這個世界上，人除了止住飢渴與衣裝，還有什麼能做的？」——他可能答不出來，或者回答：「我要擁有更多錢。越來越多，越多越好。」你很快就會明白，錢讓他生病了，他的感官都被金錢蠱惑了。

他生病，他被蠱惑，因為他的靈魂心心念念都是圓金屬與厚紙片，永遠無法饜足，他無法克制自己不斷地掠奪。他沒辦法這樣想：「我想心安理得地離開這世界，就像我當初來到這世界的時候那樣，沒有不公不義，沒有抱怨；因為偉大的神靈把我送到這世上的時候，也沒有圓金屬與厚紙片。」只有很少的人這樣想。大多數的人繼續生他們的病，內心永遠不會健康起來，同時嚮往給他們帶來財富的力量。他們高傲自大，像熱帶雨中腐爛的水果那樣膨脹。他們高高興興地讓許多自己的弟兄去做粗重的工作，自己則養尊處優、身形豐腴。他們做這些事情，心中毫無罪惡感，並且為自己美麗蒼白、永不髒汙的手指感到高興。他們不斷地掠奪他人之力給自己使用，這件事情既不折磨他們，也不會使他們失眠。他們沒有想到要拿出一部分自己的錢給其他人，好讓這些人的工作輕鬆些。

於是在歐洲有一半的人必須做大量且骯髒的工作，另一半的人則不太工作，或者幾乎不工作。那一半的人沒有時間坐在陽光底下，這一半的人則有許多時間這麼做。帕帕拉吉說——沒辦法讓所有人都有一樣多的錢，讓大家同時坐在陽光底下。從這個道理，他瞭解到為了錢，人有殘酷的權利。必須心狠、冷血，是的，要假裝與欺騙；每當他伸出手掠奪金錢，他總是虛假又危險。多少次，一個帕帕拉吉為了錢把另一個帕帕拉吉給打死了。又或者他用話語中的毒殺了他，或者藥倒他，再將對方洗劫一空。由於大家對自己的重大缺點心知肚明，因此往往互不信任。如此一來，你永遠不會知道一個有錢人，他的內心是否善良；因為他也可能是個非常糟糕的人。我們永遠不會知道一個人的財寶是怎麼來、從哪裡弄到手的。

不過，有錢人也不知道大家對他顯露出尊敬，是因為他的人還是他的錢。主要是因為他的錢。所以我也不懂，為什麼沒有很多圓金屬與厚紙片的人，要這樣羞恥並且羨慕有錢人，而不是讓自己被羨慕。因為人被金錢所負累，就像身上掛滿沉重貝殼那樣，那樣不僅不好，也有失體面。人一旦如此，就會無法呼吸，肢體也失去了真正的自由。

然而，卻沒有一個帕帕拉吉要放棄金錢。一個也沒有。不愛錢的人，會被嘲笑是「瓦列拉」[5]。「富裕——很多的錢——使人幸福。」帕帕拉吉說。還有：「最有錢的國家是最快樂的。」

睿智的弟兄們，我們大家都很窮。我國是太陽底下最貧窮的國度。我們沒有這麼多足以塞滿箱屋的圓金屬與厚紙片。我們是帕帕拉吉所認為的可憐乞丐。可是！每當我看見你們的眼睛，並且跟富有的阿立(先生)們做比較，我就會發現他們的眼神黯淡無光、疲倦萎靡，你們的卻明亮如火，閃動著愉悅、力量、生命與健康。你們的眼神，我只有在帕帕拉吉的孩子們身上見過，那時的他們還不會說話，也對金錢一無所知。偉大的神靈是多麼地偏愛我們，祂保護我們，不受艾圖[6]侵擾。金錢就是艾圖；因為它所做的一切都很糟糕，也讓世界變糟。只要碰觸到金錢，就會中了它的蠱，一旦愛上它，就會被它所役使，終生為它付出所有的快樂與力量。我們要愛我們的高貴習俗——如果有人熱心待客，或是舉手之勞、幫人家一點忙，之後還跟客人討要「阿羅發」[7]，那種人是要被唾棄的。我們要愛我們的習俗——如果一個人的東西比其他人多更多，或是一個人有非常多東西，另一個人什麼都沒有，這樣是天地所不容的。所以我們的內心也就不會像帕帕拉吉那樣，當隔壁的弟兄悲傷不幸之際，自己卻過得幸福又快活。

我們尤其要慎防金錢之害。帕帕拉吉帶著圓金屬與厚紙片迎面而來，想要誘惑我們。說它會使我們變得更加富裕幸福。我們當中已經有許多人被迷惑、陷入重病。然而，我告訴你們，金錢永遠不會讓人更加幸福快樂，卻可能把人心與人類拖進可怕的混亂，錢永遠無法真正幫助一個人、讓人更加快樂、堅強與幸福。如果你們相信謙遜的弟兄所說的話，知道我說的都是真的——那麼你們將會把圓金屬與厚紙板當成最壞的敵人去仇恨。

註釋

1 西亞麻尼（Siamani），薩摩亞語之德國。

2 法拉尼（Falani），薩摩亞語之法國。

3 波勒它尼亞（Peletania），薩摩亞語之英國。

4 義大利亞（Italia），，薩摩亞語之義大利。

5 瓦列拉（valea），笨蛋之意。

6 艾圖（Aitu），惡魔。

7 阿羅發（Alofa），禮物之意。

許多東西
使帕帕拉吉變窮

你們也能看出帕帕拉吉想要勸我們，他說我們既可憐又貧窮，需要幫助與同情，因為我們什麼都沒有。

眾多島嶼上的親愛的兄弟們，讓我來告訴你們，「東西」是什麼。椰子是一樣東西，蒼蠅拍、腰布、貝殼、碗、頭飾，這些全部都是東西。不過，東西有兩類——有些東西不用看也知道，是用偉大的神靈做出來的，不需要我們人類勞心勞力，好比椰子、貝殼與香蕉；有些東西是人類做出來的，耗費許多人的心力，譬如戒指、碗或者蒼蠅拍。阿立（先生）指的那些東西，是他自己用雙手做出來的，那些是我們所缺乏的人類的用品；因為偉大神靈所造出的東西，他從來也無法指出來。是的，誰比較富有，誰又擁有比我們更多的偉大神靈所造之物？你們看看四周，直到遠方，那陸地邊緣與無垠的藍色蒼穹相連之處。到處都是偉大的事物——原始森林與它的野鴿子、蜂鳥與鸚鵡，潟湖與海參，貝類與龍蝦，還有其他的海底動物，沙灘與它清澈的海水——那片海水可以憤怒如戰士，也能夠像「陶波」（無垠的藍色蒼穹）一樣，時時刻刻變化著，並且綻放著大片花朵，為我們帶來金銀色的光芒。我們為何這麼愚蠢，有了偉大神靈所造的這些崇高的東西，卻還想造出許多其他的事物呢？我們永遠沒辦法跟祂一樣，因為我們的力量跟偉大的神靈相比，實在太小、太弱，跟祂那那強而有力的大手相比，我們的手也太虛弱。我們能做的太少，微不足道。我們可以用一根棒子讓手臂變長，我們也可以用一個「塔諾」[1]讓空心的手變大；但是薩摩亞人卻不曾造出一棵棕櫚樹，或是卡瓦醉椒的根莖，帕帕拉吉也是一樣。

帕帕拉吉當然以為自己可以變出這種東西，他以為自己跟偉大的神靈一樣強大。成千上萬隻手，從日出到日落，除了忙著變出東西來，別無其他。那些人類造出來的東西，我們並不知道它們有什麼用，也看不出它們哪裡漂亮。帕帕拉吉始終想要造出東西，越多越好，越新越好。他雙手發燙、臉色灰白、彎腰駝背，然而每當他成功造出一樣東西時，就會因為幸福而煥發神采。因此大家都要新東西，把它奉上、擺在眼前，並且用他們的語言來歌頌它。

噢，兄弟們，假如你們還願意相信我——我走過帕帕拉吉的思想背後，看見他的意志就像正午的太陽那樣明亮。因為他毀壞了偉大神靈所創造的東西，不管去到哪裡，他都想靠自己的力量讓這些被殺死的東西重新復活，這樣一來，他就會以為自己就是那偉大的神靈，因為他造出許多東西。

兄弟們，你們試想，如果接下來馬上有一場風暴來臨，把原始森林與山丘連同所有的樹葉都吹壞，同時也把所有的貝殼與潟湖中的昆蟲一起帶走，這樣一來，就再也沒有讓我們的少女點綴頭髮的扶桑花了——我們所看見的一切都會消失，我們的身邊剩下沙子，除此之外什麼都沒有。大地像平坦攤開的手，或是像燒紅的岩漿流過的丘陵——那麼一來，為了這些棕櫚樹、貝殼、原始森林，還有所有的一切，我們將會發出怎樣的哀鳴與慨歎啊！

有許多屋子的地方，帕帕拉吉稱它們為城市，那裡的土地就像手掌心一樣光禿貧瘠，帕帕拉吉覺得很困惑，卻還是喬扮成偉大的靈魂，好讓自己忘記那些並不擁有的事物。因為他是這麼窮，他的國家是這麼悲傷，於是就開始拿取東西、收集起來，就像一個傻瓜收集枯葉，用這些東西塞滿他的屋子。而他卻也嫉妒我們，並且希望我們變得跟他一樣窮。

當一個人需要許多東西，那就意味著巨大的貧乏；因為這件事情證明了他非常缺乏偉大神靈所創造的東西。帕帕拉吉是貧乏的，因為他被物所迷惑。沒有了物，他就無法生活。好比他為了讓頭髮滑順，於是用烏龜的殼造出一個工具；抹完油以後，他又為那把工具造出一個套子；為了套子，又造出一個盒子；為了小盒子，又造出一個大盒子。他把所有的東西都裝進套子與盒子裡。有專門裝腰布的盒子，上腰布、下腰布、洗滌用與擦嘴用，以及其他的腰布，各有盒子，也有給手套與腳殼、圓金屬與厚紙片的專用盒子，也還有盒子用來裝存糧、聖書，以及一切的一切。他用許多東西來造出許多東西，但其實東西只要一樣就夠了。如果你去到一間歐洲的飯館，你就會看到許多碗以及烹飪的器具，根本用不到。每一道菜都有一個塔諾，至於水與歐洲卡瓦酒，則各用不同的塔諾裝，椰子與鴿子亦然。

一間歐洲的屋子裡，東西這麼多，就算薩摩亞村莊的每個男人把東西都扛在身上，也沒辦法搬走全部的東西。一間屋子裡的東西這麼多，許多白人酋長、許多男人與女人什麼也不做，只管把這些東西擺到所屬的位置，並擦去上面的沙子。

即便是最高的陶波，也要花上許多時間去數算自己的許多東西，搬動並且清潔它們。

兄弟們，你們知道，我不會說謊，我告訴你們一切我所洞悉的真相，不加油添醋，也沒有任何掩蓋。請相信我，在歐洲，有人把火的管子放在自己的額頭上自殺，因為他要是沒有了物，寧可不活。因為帕帕拉吉在各方面耽溺於自己的精神，於是他也催眠自己，沒有物品不能活，就像人沒有食物就活不下去一樣。

所以呢，我在歐洲從來不曾見過一間屋子可以讓自己躺在草蓆上，讓我的四肢不受阻礙地伸展。所有的東西都閃閃發亮、爭妍鬥艷，使我的眼睛無法閉上。我從來無法獲得安寧，於是我愈加想念我在薩摩亞的屋子，那裡什麼東西都沒有，只有我的蓆子與枕頭，以及吹向我的煦煦海風。

東西很少的人，稱自己是貧窮與悲傷的。沒有一個帕帕拉吉在一無所有的情況下還能帶著愉悅的眼神唱歌，就像我們每個人一樣，除了一張蓆子與一個碗，此外一無所有。白人世界的男人與女人，來到我們的屋子，一定會開始哀嘆，他們會趕忙把木頭從森林裡搬出來，還有龜殼、玻璃、繩索、彩色的石頭，以及更多其他的東西。他們的雙手會從早到晚忙個不停，好久好久，直到他們的薩摩亞房子被大大小小的東西塞滿。所有的東西都很容易損壞，一把火或一場熱帶豪雨，都可以毀掉它們，所以只有不斷造出新東西。

只要一個人越像個名副其實的歐洲人，他需要的東西就越多。因此帕帕拉吉的雙手總是在造物，永不停歇。因此，白人的臉總是顯得疲憊與悲傷，他們當中，只有極少數的人會去看偉大神靈所創造的東西，在村莊的廣場玩耍，創作快樂的歌曲並且歌唱，或是在星期天的日光下手舞足蹈、歡欣鼓舞，就像我們這裡的每個人一樣。[2]他們必須做東西。他們必須保護自己的東西。這些東西纏繞著他們，像螞蟻在他們身上爬行。他們心靈冷酷、犯下所有罪行，只為了得到東西。他們彼此打鬥，並非為了男性尊嚴或是比誰的力氣大，而是因為物的關係。

儘管如此——他們都知道，是因為他們的生活過度貧乏，不然也不會有那麼多享受榮耀的帕帕拉吉，因為這些尊敬與榮耀，給他們的人生帶來的東西，莫過於將毛髮浸入彩色汁液，然後在白色草蓆上描繪出倒影。他們盡其所能，寫下所有美麗的上帝之物，如此繽紛、真誠、愉悅。他們又用軟泥捏成不穿腰布的人像，女孩的舞步自由美麗，如同馬陶度[3]的陶波，也像揮動棒子、或拉著弓，或窺探森林野鴿的男人姿勢。帕帕拉吉為了地上的人類，蓋了許多特別巨大的慶典之屋，人們遠道而來，享受它們的美麗與光明。他們站在慶典之屋前面，身上被許多腰布層層裹住，並且渾身發顫。我看見帕帕拉吉喜極而泣，因為他看見那份失落的美麗。

如今，白人想要把他們的寶藏帶給我們，這樣我們也會變有錢——那是他們的東西。但這些東西根本是有毒的箭，被刺到就會死，而箭仍插在胸膛。「我們必須讓您意識到慾望。」我聽見一個很了解我們國家的男人說。慾望——即是物。「這樣他們就會比較願意工作了。」聰明的男人繼續說。他說，我們也應該付出雙手的力量來造出東西，為我們自己造物，最重要的，是為了帕帕拉吉。而我們也會變得疲憊、髮色灰白，以及彎腰駝背。

許多島嶼的兄弟們，我們必須清醒，並且保有澄明的心靈，因為帕帕拉吉的話語就像香蕉一般甜，其中卻充滿神秘的茅，想將我們心中所有的光與快樂都殺死。我們絕不要忘記，除了偉大神靈所創造的東西，我們需要的是少之又少。偉大的神靈給了我們眼睛，去觀看祂所造之物。這些東西不可盡看，因為所花的時間超過了人的一生。再也沒有比那位白人更謊言連篇的了，他說——偉大神靈所創造的東西沒有用，他自己的東西才有許多、更多用處。他們自己的東西為數太多、金光閃耀，大家目光覬覦、爭相追求，卻也沒有讓帕帕拉吉變得身體更美、眼睛更亮、意識更強。因此他們的東西也是沒用的，那些他們說出來、想要強加給我們的，都是邪靈的話語，他們的思想浸泡在毒汁裡。

註釋

1 塔諾（Tanoa），四足的木碗，用以準備該國風行的飲料。

2 薩摩亞的村民時常聚在一起玩耍、跳舞自娛。他們從年少時就開始跳舞。每個村莊都有自己的歌曲與詩人。晚間，每間屋子的歌聲響起；由於聲樂般的語言，也因為島民對聲響的敏銳度，使得歌聲聽來非常悅耳。

3 馬陶度（Matautu），烏波盧附近的村莊。

帕帕拉吉沒有時間

帕帕拉吉喜愛圓金屬與厚紙片，他喜愛將腐壞水果流下的許多汁液、豬肉牛肉及其他可怕的動物吃進肚子裡，他特別喜愛那些明明在那裡卻抓不到的東西——時間。他非常看重時間，喋喋不休地談論它。儘管時間穿梭於日出日落間，根本不見蹤跡，他卻永遠無法感到滿足。

帕帕拉吉總是對自己的時間感到不滿，他譴責偉大的神靈，問他為何不再給予。他毀謗上帝及其偉大的智慧——他用各種計劃來分割每個新的一天。他把時間切得零碎，彷彿拿了一把大刀在軟軟的椰子上劃十字。每一塊都有自己的名字——秒、分、時。秒小於分，分小於時；全部放在一起，就成了時刻。得要有六十分鐘，而且還要有更多秒，才算擁有一小時。

這件事情很糾結，我永遠想不透，因為花這麼多時間深思那樣幼稚的事，是令我不舒服的。可是帕帕拉吉對於支配時間很有一套。男人、女人，即便是還站不穩的小孩，都會在腰布上掛小金屬片，他們從金屬片判別時間。這樣的判讀並不容易。大家跟孩子們一起練習，讓機器緊貼耳朵，給大家帶來樂趣。

這種機器用兩根扁扁的手指頭就可以撐起來，它肚子裡的東西看起來就像大船肚子裡那樣，那些東西你們都知道。不過，也有又大又重的時間機器，它們在屋子的內部，或者掛在房子的尖頂上，遠遠地就可以看見。一段時間過去，機器外部的小指頭指著它，同時開始叫。一個靈魂正敲打著金屬的心臟。是的，當一段時間過去，它就會在一座歐洲的城市產生巨大的怒吼與咆哮。

當時間的噪音響起，帕帕拉吉就會開始抱怨：「好慘，一小時又過去了。」這時候，他通常會一臉憂傷，彷彿遇到了什麼不幸；其實一個全新的時刻不就正要來臨嗎？

我從來不明白，只有把這些當成嚴重的疾病。「時間在躲我！」「時間如駿馬奔騰！」「給我一些時間吧。」這都是白人的哀嘆。

我以為這是一種病；因為我們假定白人想做某些事，他一心渴望，他也許想去曬太陽，或是在河裡划獨木舟，或是愛著一名少女，卻因為一直想著「我沒有時間讓自己快樂」，於是好端端的興致就被打壞了。他的時間一直都在，可是他卻怎麼也不肯看它一眼。他可以說出一千種剝奪他時間的東西，悶悶不樂地蹲坐著，抱怨自己的工作，他覺得沒樂趣也不快樂，但是除了他自己，沒有人會逼他做這些事。然後，他如果突然發現自己有時間，發現時間還在那兒，或是別人給了他時間，是的，這件事情比什麼都重要——而他又失去了興趣，或是因為沒有快樂的工作而顯得疲憊。今天有空做的事，他總是想明天再做。

有些帕帕拉吉堅稱自己永遠沒時間。他們沒頭沒腦地四處走，彷彿被艾圖（惡魔）附身。所到之處，盡是驚恐與災禍，因為他們失去了時間。這種附魔的狀態是很可怕的，這種病，沒有醫生可以治癒，許多人都染上這樣的病，墮入悲慘之境。

因為每個帕帕拉吉被自己的恐懼給附了魔，他們恐懼時間流逝，他也非常清楚，不只是每個男人、而且還有每個女人與小孩都是，自從他初次見到偉大的光，直到如今，已歷經日日月月。是的，每隔一段時間，他們就會以歡樂的宴會與花朵大肆慶祝，這是很重要的。每當有人問起我的年紀，我總笑著說不知道，這時我常可以感覺到，人們不由得為我感到可恥。「你當然得知道自己的年紀。」我默不作聲，想著：「還是不知道比較好。」

一個人有多老，意味著活了多少日月。這樣的數算與探究充滿危險，因為這樣一來，就很容易辨識出大多數人都活了多少日月。每個人只要活過許多日月，他就會嚴加注意，說：「現在我快死了。」然後，歡樂就此遠離他，他也真的很快就死了。

在歐洲，只有很少的人真的有時間。也許這樣的人一個也沒有。因此大多數的人奔忙地走過人生，就像一顆被拋出去的石頭。幾乎所有人走路時都看著地面、手臂揮得遠遠，好儘快往前。如果有人攔住他們，他們就會不情願地喊：「為何這樣妨礙我，我沒時間，你管好你自己吧。」他們擺出一副模樣，彷彿走得快的人比較有價值、比較英勇。

我見過一個男人，他的頭彷彿就要爆裂，眼睛突出、嘴巴微微開闔，像一條垂死的魚，臉色發青，時而發紅，雙手與雙腳掙扎著，只因為他的僕人比原來承諾的時間晚到了一步。那一口氣的時間，於他而言就是很大的損失，永遠無法補償。僕人只得離開他的屋子，帕帕拉吉把他趕走，痛斥他：「你從我身上偷走的時間也夠多了。不看重時間的人，是沒有價值的。」只有一次，我遇到一個時間很多的人，他從來都不會抱怨沒有時間；但他又窮又髒，自生自滅。大家經過他的時候繞了一大圈，沒有人看他一眼。我並不理解這樣的行為，因為他走路並不匆忙，他的眼底散發著拘謹友善的微笑。我跟他問了問題，這時，他的臉部扭曲，悲傷地對我說：「我從來都不懂得充分利用自己的時間，因而成了一個被大家蔑視的窮光蛋。」這個人是有時間的，但他卻不快樂。

帕帕拉吉投注了全部的力氣，並且成天想著怎麼讓時間變多。他用水、火、暴風、天空的閃電來留住時間。他在雙足之下裝上鐵輪，給話語裝上翅膀，好爭取更多時間。——這麼努力都是為什麼呢？帕帕拉吉要用這些時間做什麼？我從來都沒有搞清楚，儘管他總是比手畫腳、口中念念有詞，彷彿有個偉大神靈邀請他參加「弗諾」（聚會）。

我想，正因為他把時間抓得太緊，於是時間從他的身邊溜走，好比一條蛇從潮濕的手中滑落。他不讓時間成為自己的主人。他總是伸出雙手，在後面追趕時間，他不給時間一點喘息的空間，不讓它去曬太陽。它應該隨侍在側，應該唱歌與說話。時間是安靜溫和的，它喜愛舒服地橫躺在草蓆上。帕帕拉吉沒有好好認識時間，他不理解時間，因而使用粗野的習慣來虐待它。

噢，親愛的兄弟們！我們從未抱怨時間，我們愛時間，讓它自由來去，從不追趕，也從來不想將時間收束或拆散。時間對我們而言，從來不是匱乏與苦痛。沒有時間的人啊，站出來吧！我們當中的每一個人都有許多時間；而我們對此都很滿意，現在擁有的時間已經足夠，我們不需要更多。我們知道自己總是提前達到目標，所以即使我們不知道自己活過了多少日月，偉大的神靈依然會依照自己的旨意，把我們召回天國。帕帕拉吉很可憐，他們迷失了自我，我們必須讓他們從瘋狂的狀態中解放，我們必須把時間還給他們。我們必須把他們那小小圓圓的時間機器給打碎，向他們宣告，從日出到日落，時間多得是，絕對比一個人所需要的還多。

帕帕拉吉
使上帝變窮

帕帕拉吉有的想法特別，且極其複雜。他總是想著如何讓東西對自己有用，並且用得順利成章。他大多時候只為了一個人想，而不是為了所有人。這個人就是他自己。

如果有個人說：「我的腦袋是我的，它不屬於任何人，只屬於我自己。」如果是這樣，真是這樣的話，也就沒人可以辯駁。每個人對自己的手也有最大的權利，其他人不能管。到目前為止，我覺得帕帕拉吉說得很對。但他也說——這棵棕櫚樹是我的。因為它剛好長在他家門前。他說得好像是自己讓棕櫚樹在那裡生長似的。但棕櫚樹根本不是他的。從來不是。它是上帝從泥土中伸向我們的手。上帝有許多雙手。每棵樹、每朵花，每根草，每片海，天空與雲朵，都是上帝的手。我們可以抓住它，並且因此感到高興；但我們不能說上帝的手是自己的。帕帕拉吉卻這麼做。

「勞」（Lau）這個字，在我們的語言中，意思是「我的」，也是「你的」；兩者幾乎是相同的。在帕帕拉吉的語言中，卻幾乎沒有一個字可以同時意指「我的」與「你的」。「我的」就是只屬於我一人的，「你的」就是只屬於你一人的。因此帕帕拉吉把他房子裡的一切，都說成是自己的。除了他自己，沒人有權利使用。當你來到帕帕拉吉的家，看見他家裡的東西，好比一個水果、一棵樹、一杯水、一座森林、一撮泥土——這時，總是有個人會在附近說：「這是我的！小心別碰我的東西！」這時要是你還是碰了，他就會開始大叫，說你是小偷，這個詞意味著很大的羞恥，只因為你居然敢碰鄰居的「我的東西」。他的朋友與大酋長的僕人會趕來把你銬上鎖鏈，帶你進到「胚胚」[1]裡，而你終其一生都會受到蔑視。

為了不讓其中一人去拿另一人宣稱是自己的東西，於是就有了律法，去規定東西屬於誰、不屬於誰。而且在歐洲，有人什麼也不做，只管大家是否觸法，只管帕帕拉吉給自己張羅來的東西，是否被別人拿走了。帕帕拉吉用假象告訴別人，他真的取得了權利，彷彿上帝真的將所有權永遠地轉讓給他。彷彿棕櫚樹、花朵、海洋、天空及其上的雲朵，都屬於他。

帕帕拉吉必須制定這種法律，使自己確保擁有這許多的「我的東西」，好讓那些擁有很少東西的人，甚至是一點「我的東西」也沒有的人，不會拿走任何一點帕帕拉吉的「我的東西」。因為擁有許多東西的人，他們身邊也有許多什麼都沒有的人。並不是每個人都知道這種訣竅與祕法，去獲得「我的東西」，這尤其需要一種叫做英勇的態度，與所謂的榮譽感不太一樣。也有可能有些人手中的東西很少，因為他們不想讓上帝傷心，所以什麼也沒有拿走，這是帕帕拉吉當中最好的人。不過，這種人當然不多了。

大部分的人奪走上帝的東西，一點羞恥心也沒有。他們是這樣看事情的。有時他們甚至不知道自己做了很糟的事情；只因為大家都這麼做，什麼也沒多想，也不覺羞恥。有些人打從一出生，就從父親的手中獲得許多「我的東西」。——終究上帝幾乎是一無所有了，人們幾乎拿走了祂的一切，然後讓這些東西成為「我的」與「你的」。於是，原本為了大家而存在的太陽，上帝再也無法均分給大家，因為有些人比其他人更加需要它。當許多人坐在陰暗處捕捉微弱的陽光時，經常只有少數人坐在那美麗而寬敞的地方曬太陽。上帝於是不再有真快樂，因為祂不再是偉大屋子裡至上的「艾利．西利」[2]。帕帕拉吉說：「一切都是我的。」並以此來否認上帝。儘管他想得很多，卻沒有想得太遠。相反的，他解釋自己的行為是真誠、正派的，在上帝眼中，卻既不真誠，也不正派。

要是帕帕拉吉好好想想，那麼他也會知道，沒有任何東西是屬於我們的，因為我們無法永遠掌握。基本上，我們什麼也無法掌握。然後，帕帕拉吉會明瞭，上帝給所有人一個大房子，使人人各得其所，充滿快樂。那幢房屋應該夠大，並且足以讓每個人獲得一縷陽光與一點歡欣，應該要有一片棕櫚沙灘給大家使用，而且一定要有一塊小地方供雙腳站立。就像上帝所想與決定的那樣。上帝怎麼會忘記祂的任何一個孩子呢！然而，許多人都在尋找上帝允許進入的那個小地方。

因為帕帕拉吉不聽從上帝的命令，還自己制定了法律，所以上帝就派了許多敵人到他那裡去，與他的財產作對。祂派遣濕氣與暑氣來摧毀他的「我的東西」，還派遣了「變老」、「弄碎」與「懶散」。上帝也賦予火與風暴一種力量，讓他的金銀財寶被破壞。尤其祂也在帕帕拉吉的靈魂裡植入了害怕。帕帕拉吉害怕自己從其他地方拿來的東西會消失。帕帕拉吉永遠只能淺眠，因為他必須保持清醒，好讓自己白天收集得來的東西，不會在夜裡被搬走。他得為自己的「我的東西」勞心勞力。一切的「我的」不斷折磨他、嘲笑他，說——因為你把我從上帝那裡拿走，所以我要折磨你、讓你痛苦。

然而，上帝賜給帕帕拉吉比恐懼還要嚴重的懲罰——他讓那些擁有少許東西，或根本沒有東西的人，去跟那些拿到許多「我的東西」的人爭鬥。這樣的爭鬥激烈且嚴重，日日夜夜都在發生。所有人都飽受戰鬥之苦，生命與歡樂都被腐蝕了。擁有的人應該給予，但他們卻什麼都不想給。什麼都沒有的人，想要擁有卻求之不得。這些人也很少是上帝的鬥士。他們只是來得太遲，來不及掠奪，或是手腳不靈光，又或者沒有機會。擁有最少的東西的人，會想到其實上帝是被掠奪者。然而，我們卻鮮少聽見某個正直之人，呼籲大家把一切東西還給上帝。

噢，兄弟們，如果有一個人，他的房子大得足以容納整個薩摩亞村莊的人，卻不願意讓漫遊者借宿一晚，你們覺得這樣的人如何？如果有一個人，他的手裡有一串香蕉，卻一根也不分給在那裡挨餓乞食的人，你們覺得這樣的人如何？——我看見你們眼睛裡的憤怒，以及嘴角的輕蔑。看，這就是帕帕拉吉無時無刻在做的事。他就算有一百張草蓆，也不會分一張給沒有的人。如果其他人沒有草蓆，他還會怪罪他們。他喜歡囤積糧食，堆高直到屋頂，他的亞嘎（家庭）可以吃上多年，他也不會去找那些蒼白、飢餓且沒飯吃的人。在那裡，有許多帕帕拉吉是面黃肌瘦的。

棕櫚樹一旦成熟，樹葉與果實就會落下。帕帕拉吉過生活的方式，就像一棵想要留住樹葉與果實的棕櫚樹——那全是我的！

你們不可以拿走或吃掉！——棕櫚要怎樣結出新果實呢？棕櫚樹比帕帕拉吉擁有更多的智慧。

在我們當中，也有許多人比其他人擁有更多的東西，酋長擁有許多草蓆與許多隻豬，我們對他表示敬意。不過，這種敬意只針對他個人，而不是因為他的草蓆或豬隻。因為我們給他這些東西，是作為「阿羅發」[3]，以表達我們的喜悅，並讚美他的勇氣與睿智。帕帕拉吉讚揚他的兄弟有許多草蓆與豬隻，卻很少管他們的勇氣與睿智。這個兄弟若沒有草蓆與豬隻，他就會獲得很少的敬意，甚至一點也沒有人尊敬他。

草蓆與豬隻無法自己去到貧窮飢餓的人那裡，因此帕帕拉吉沒有理由把這些東西帶給他的兄弟。因為他並不看重他的兄弟，只看重自己的草蓆與豬隻，因此他也為自己保存這些。假如帕帕拉吉看重且敬愛自己的兄弟，不為了「我的」或「你的」而與之爭鬥，那麼帕帕拉吉就會把草蓆帶給兄弟，好讓他們一同分享偉大的「我的」。他會跟兄弟們分享自己的草席，而不是將他們推向黑夜。

然而帕帕拉吉不知道，上帝給了我們棕櫚樹、香蕉、美味的芋頭、森林裡所有的鳥兒、海裡所有的魚，而我們應該為此感到高興、覺得幸福。但這一切卻不只是給我們當中的少數人，同時讓其他人死亡受苦。誰的手中有許多上帝所給的東西，就應該分給他的兄弟，以免果實在他的手中腐爛。因為上帝向所有人伸出祂的許多雙手；祂不要有人擁有太多，或是有人說，我屬於陽光下，你站在陰影裡。我們大家都應該站在陽光下。

只要上帝以正義之手主持一切，爭鬥與苦痛就會完結。奸詐的帕帕拉吉還想勸我們相信——沒有任何東西屬於上帝！能用手握住的東西就是你的！我們別去聽那些站不住腳的話，我們堅信良善的知識。一切都屬於上帝。

作者後記：

杜亞比對於我們財產觀念的蔑視話語，大家都得明白，他知道在薩摩亞土生土長的人，生活所需的一切皆是共有。有關我們這裡的「我的」與「你的」的概念，其實根本不存在。在我所有的旅行當中，這些土生土長的人們總是理所當然地跟我分享他的屋簷、他的草蓆與他的食物。常有酋長在第一次跟我們打招呼的時候說：「我的東西也是你的。」「偷竊」這個概念對島民而言是陌生的。所有的一切都屬於大家。所有的一切都屬於上帝。

註釋

1 「胚胚」（pui pui），監牢之意。

2 「艾利．西利」（Alii sili），統治者之意。

3 「阿羅發」（Alofa），「禮物」之意。

偉大的神靈
比機器更強

帕帕拉吉造出許多東西，那些東西，我們既做不出來，也永遠都不了解，這些東西對我們的腦袋而言，簡直是沉重的石頭。那些東西我們不太需要，卻可能讓我們當中比較虛弱的人瞠目結舌，或屈服於它。因此，讓我們別再畏懼，好好地來觀察帕帕拉吉那令人讚嘆的本領吧。

帕帕拉吉有力量將一切變成他的矛與他的棍棒。他喚來閃電、烈火、急流，並且依照自己的意志來運作。他把這些東西關起來，並且命令它們。它們服從。它們是他最強的戰士。他知道讓閃電更快、更亮，讓烈火更烈、讓急流更急的巨大祕密。帕帕拉吉似乎真的是劃破天空的人，他是神的使者；因為他依據自己的喜好掌管天與地，他同時是魚、鳥、蟲，也是馬。他可以穿過土壤，也可以流過最廣的淡水河道。他可以鑽進山脈與岩石。他給自己的雙腳裝上鐵輪，跑得比最快的駿馬還快。他升上天空。他能飛翔。我看見他如海鷗在天空滑翔。他有一個巨大的獨木舟，可以行駛在海上。他乘著獨木舟，從一朵雲到另一朵雲。

親愛的兄弟們，我要跟你們說出真理，向你們發誓，即便你們對我所說出來的話有所懷疑，你們還是必須相信。因為帕帕拉吉所造出來的東西是偉大且令人驚嘆的，我擔心我們當中會有許多人，在這樣的力量之前會感到軟弱。我現在就要告訴你們那些我親眼所見，並且感到驚詫的事。

你們大家都知道那白人稱之為蒸汽船的獨木舟。難道它不像是一條極其巨大的魚？怎麼可能讓它從一座島游到另一座島，游得比我們當中最強壯的青年划獨木舟還要快？你們是否看見那巨大的尾鰭正搖擺前行？那尾鰭拍打、移動，猶如潟湖中的魚。那個大竹筏讓獨木舟繼續往前進——它何以可能，那是帕帕拉吉的大祕密。這個祕密，就在大魚的肚子裡。那裡面有個機器，給予大尾鰭許多力量。如果你要我說，那機器是什麼，我的腦力其實還不足以說明。我只知道——牠們吃下黑色石頭，然後生出力量。那是一種人類從來沒有的力量。

這個機器就是帕帕拉吉最強的工具。給它原始森林中最強壯的樹木，那機械的手就會砍斷樹幹，像母親給孩子們摘下芋頭那樣。這個機器是最大的魔術師，它的手很強韌，從不感到疲倦。如果它想要的話，可以一天就切下一百棵冷杉樹。我見過它織腰布，如此細緻、如此迷人，就像是少女那雙迷人的手所編織的那樣。機器從早到晚都在編織，它吐出像山丘一樣高的腰布。與機器的力量相較，我們的力量多麼令人感到恥辱與可憐。

帕帕拉吉是一名魔術師。你唱一首歌，他就會捕捉你的歌聲，你什麼時候想把歌聲要回來，他就會還給你。他用一片玻璃板對著你，在上面捕捉你的形影。他會拿走千百個你的影像，端看你要多少。

不過，我見過比這些更驚奇的事情。我告訴你們，帕帕拉吉捕捉天空的閃電。千真萬確。他捕捉閃電，機器吃進了它們，到了夜裡，機器又吐出閃電，將之扔回數千顆星星、螢火蟲與小月亮之中。夜裡帕帕拉吉能夠輕而易舉地在我們的島嶼撒上光芒，像白天一樣明亮發光。他時常發出閃電給自己使用，指使它們路向，為遠方的兄弟捎去音信。閃電聽從他，帶著音信而去。

帕帕拉吉把自己的肢體變得更強壯。他的雙手可以延伸過海洋，直到星星那邊，他的雙腳可以踏過風與波浪。他的耳朵聽見薩瓦伊島的每個低語，他的聲音像小鳥長出了翅膀。他的眼睛在夜裡也看得見。他可以看穿你，彷彿你的身軀像海水一樣透明，他看得見海底的穢物。

我所見證並向你們宣告的這一切，只是我眼中所見驚奇之物的一小部分。相信我，白人的野心很大，他們總是想實現更強大的嶄新奇蹟，數千人充滿熱望地在夜裡坐著思索，如何從上帝那邊爭得勝利。因為帕帕拉吉一心想要成為神。他想擊潰偉大的神靈，並且將祂的力量占為己有。然而，上帝比最強大的帕帕拉吉及其機器更加強大，而且祂始終都能決定，我們當中誰應該在何時死去。太陽、海水與火焰都在第一線上服務祂，還沒有白人能夠依照自己的意志決定月亮的升起與風吹的方向。

只要情況如此，那些奇蹟就沒有多大意義。親愛的兄弟，脆弱的是那些被帕帕拉吉的奇蹟所打敗的人，他們崇拜白人所造的東西，他們說自己貧窮、沒有價值，因為他的手與精神沒有跟白人一樣的能力。帕帕拉吉所有令人驚奇的事，以及熟練的技巧，在在使我們瞠目結舌——如果我們在最澄明的陽光底下觀看，那麼它不過是一根棒子的雕刻，一片草蓆的編織，那一切的作為，不過是孩子們在沙堆上的玩耍。因為白人所造出的任何東西，永遠都無法與偉大神靈所造就的奇蹟相提並論。

高貴阿立(先生)屋子很美麗、極其寬敞並且充滿裝飾，大家都稱它為宮殿。更美的是那建造來祭神的高貴屋子，那屋子時常比杜乎山[1]的山峰還高。儘管如此——在扶桑花樹叢極其火紅的花朵面前，在棕櫚樹的樹梢面前，在奇形怪狀的珊瑚林面前，這一切都顯得粗野而無溫暖的生命色彩。帕帕拉吉從來不曾織出一片細緻的腰布，就像神讓每隻蜘蛛編織出的網那樣，也沒有一個機器如此精細而充滿藝術性，一如我們家中的小小沙蟻。

我告訴你們，白人就像鳥那般飛進雲朵之中。但是白色海鷗比人類飛得更高、更快，牠能衝破一切，身體長出翅膀，而帕帕拉吉的翅膀只是容易破落的詐術一場。

因此，所有帕帕拉吉的奇蹟都有一處隱祕的不完美，沒有一個機器不需要看守與監工。每個機器內部都藏著一個隱祕的詛咒。因為就算機器用它強力的手造出一切，本來藏在我們手做的每樣東西裡面的愛，也會在工作中被啃蝕殆盡。機器所雕刻出來的獨木舟，或者一根棒子，對我來說就是一個冷冰冰、沒有血氣的東西，它無能陳述自己的工作、無能微笑，假如它被完成了，也不足以帶給父母親，讓他們高興。假如一個機器能夠在每個時刻造出塔諾(木碗)，而不需要我多幫忙，那麼我應該如何繼續愛我的塔諾，像我平常愛它們那樣？——這就是機器的一大詛咒，因為帕帕拉吉可以重複製造一切東西，因此再也沒有什麼可以愛。他必須用自己的心來餵養機器，好讓自己接收沒有愛的奇蹟。

偉大的神靈會自己決定天與地的力量，並且依照祂的衡量來分配這些力量。人類從來都無權過問。白人想將自己變成魚、鳥、蟲、馬，這樣的嘗試並非不受懲罰。而他們獲得的，遠比自己敢於承認的少了許多。假如我騎馬穿越一座村莊，那樣當然是比較快的，但如果用漫步的方式，就會看見更多風景，朋友也會喚我進他們的屋子。快速抵達其實並不會使人真的獲益。帕帕拉吉總想快速抵達目的地。他大部分的機器只有一種用途——使人快速抵達。帕帕拉吉抵達之後，就會有另一個新的目的地開始呼喚他。於是帕帕拉吉終其一生都在追獵，沒有休止，他荒廢了行走與散步的能力，以及隨心所欲且愉悅地與事物不期而遇。

因此，我告訴你們——機器是白人大孩子的美好玩具，這一切技藝都無法嚇倒我們。帕帕拉吉還沒造出讓自己免於一死的機器。上帝時時刻刻創造萬物，他則尚未造出比上帝所造的萬物更加偉大的東西。所有的機器與其他的技藝與魔法，都還無法延長人類的壽命，也無能使人變得更快樂。對此，讓我們堅守上帝崇高的技藝與神奇的機器，並且蔑視扮成上帝的白人。

註釋

1 杜孚山（Tofua），烏波盧的高山。

有關帕帕拉吉的職業，
以及他如何迷失在其中

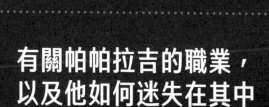

每個帕帕拉吉都有一份職業。很難說明那是什麼東西。那是一種應該帶著許多樂趣去做的東西，然而多數時候，他們的樂趣卻不多。擁有一份職業，意味著永遠做同樣的事。如此經常地做，以至閉著眼睛就可以毫不費力地完成。要是我的雙手除了蓋房子與編織草蓆之外什麼都不做，那麼蓋房子跟編草蓆就是我的職業。

職業有男女之別。在潟湖中洗衣、把腳殼擦亮，這是女性的工作；把船划過海洋、把草叢中的鴿子射下，這是男性的工作。女性只要結了婚，大多會放棄她們的職業，男性則在婚後才開始在認真幹練地工作。每個「阿立」(先生)同意嫁女兒，條件都是求婚者擁有一份熟練的職業。無業的帕帕拉吉無法結婚。每個白人都應該也必須有一份職業。

基於這樣的原因，每個帕帕拉吉都得在成年紋身之前，好好地決定自己終其一生要做什麼工作。這個行為叫做——為自己謀職。這是一件非常重要的事，而「亞嘎」（家庭）對此的討論，也像討論明天吃什麼那樣慎重而多。如果他選了編草蓆的工作，那麼老阿立就會把年輕的阿立帶到一個除了編草蓆之外什麼也不做的男人那裡。這個男人必須讓少年知道如何編草蓆。他必須教會他編草蓆，讓他不用看別人做就可以編好。

要做到這樣，通常要花很長的時間，然而，他一旦學成，就會離開那男人，然後大家會說——他擁有一份職業。

如果帕帕拉吉後來體認到自己寧可蓋房子，而非編草蓆，大家就會說——他入錯行了；意思不外乎是，他沒射中自己的靶。那種痛苦是巨大的；因為就這樣換到另一個職業，是違背風俗的。一個正直的帕帕拉吉要是說：「我沒辦法做這個，我沒興趣。」或是：「我的雙手不聽使喚。」那是有傷尊嚴的事。

帕帕拉吉有許多職業，就像瀉湖中的石頭那樣多。他所做的一切，形成了他的職業。如果有人撿拾麵包樹的枯葉，那麼他就在從事一份職業。如果有人清洗食器，這也算是一份職業。凡有事可做，無論動手或用腦，處處皆有職業。想事情或者看星星，都是一份職業。所有的事情，只要有一個人做得出來，帕帕拉吉都可以讓它變成職業。

因此，如果有一個白人說——我是一個「度西度西」[1]，那麼這就是一份職業，他除了寫一封又一封的信之外，其他什麼也不做。他不會把自己的睡蓆捲起來放在屋梁上，他不會去廚房給自己煎果實，他也不會清潔自己的食器。他吃魚，卻不去捕魚，他吃果實，卻從不自己從樹上摘一顆下來。他寫度西，一封接一封，因為度西度西是一份職業。正因如此，所有的事情都自成一份職業——把睡蓆放上屋梁、煎果實、清潔食器，捕魚或者摘果實。每個職業都授予每個人所作所為的權利。

結果就變成了，大部分的帕帕拉吉只會做職業上的事，而最高的酋長，儘管腦袋有許多智慧、手臂有許多力量，卻無能將他的睡蓆放上屋梁，或者清潔自己的食器。

也還有這樣的事，有人能夠寫出色彩繽紛的度西，卻無能在潟湖上划獨木舟；反之亦然。擁有職業意味著——只會奔跑、品嘗、嗅聞或戰鬥，永遠只會其中一樣。只會其中一樣，這當中有著重大缺失與重大危險；因為不管是誰，都有可能有那麼一天，得靠自己划獨木舟穿過潟湖。

偉大的神靈給我們雙手，讓我們可以從樹上摘下果實，從沼澤撈起芋頭的球莖。祂給我們雙手，用以對抗敵人、保護我們的身體，讓我們得以快樂地跳舞、玩耍、歡樂宴會。祂給我們雙手，絕對不是要我們只用來蓋房子、摘果實、撈球莖，相反地，我們的雙手應該要隨時隨地成為我們的僕人與戰士。

帕帕拉吉卻不明白這一點。他的作為是錯誤的，完全錯誤，並且違反了偉大神靈的一切旨意，我們認清了——有再也不能奔跑的白人，有給自己小腹許多脂肪、如同「波阿」[2]的人，因為他出於工作因素，身體必須停止活動，而無能舉起矛並且擲出去，因為他們的手只握著書寫用的骨頭，因為他們坐在樹蔭下，除了寫度西，其他什麼也不做，再也無法駕馭野馬，因為他們忙著看星星，或是想自己的事。很少有帕帕拉吉到成年的時候，還能像孩子般蹦蹦跳跳。他拖著身體在風中行走、前進，彷彿一路受到重重阻礙。他掩飾並且否認這些弱點，還說要一個堂堂正正的男人跑跑跳跳，成何體統。而這卻是虛偽不實的理由；因為他的骨頭變得硬邦邦、無法活動，所有的肌肉都失去歡樂，因為職業讓它們燃燒殆盡、昏迷甚至死去。而職業也是一個毀滅生命的艾圖（惡魔），它在人類的耳畔說好聽的話，實際上卻喝著他們身體的血。

然而，職業還用另一種方式傷害帕帕拉吉，它以另一種形象自我沉緬，不讓人認出艾圖。

蓋房子、在森林砍樹，用來建造柱子，然後把柱子立起來、蓋上拱頂，如果梁柱與其他的一切都用椰子繩綁好了，最後就用乾燥的甘蔗皮鋪在屋頂。假如有一個酋長的村莊就這樣建立起來，小孩與女人也都一起盛大慶祝，那種無比的快樂，是不用我來說的。

要是村子只有很少的人可以進入森林，砍下樹木並且敲打成柱子，你們會怎麼說呢？而且這些少數人都不能幫忙把柱子立起來，只因為他們的工作是砍伐樹木，並將之敲打成柱子？那些將柱子立起來的人，並不被允許架構屋頂的椽木，只因為他們的工作是立柱子？那些架構屋頂椽木的人，不可以去鋪上甘蔗皮，只因為他們的工作是架構椽木？大家都不能幫忙到沙灘收集圓形卵石、鋪在地面上，因為這件事情只能讓屬於這份職業的人來做？只有住在屋子裡的人可以慶祝屋子的落成，而建造屋子的人卻都不能慶祝？

你們笑了，而且肯定會說，如果我們只能一起做一件事而非全部，而且不能什麼男人的體力活都幫，那麼我們的快樂只會減半——甚至消失。要是你們當中有人提出要求，希望你們的手只有一種功能，彷彿其他肢體與身體的感官都麻痺、死去了，那樣的話你們會發笑，還會當那個人是個傻子。

這件事情對帕帕拉吉而言，也是一大災難。一天到溪邊汲水一回，或是幾回，都是美好的事；但如果從日出到深夜都得汲水，每天無時無刻，只要有力氣就得不斷汲水的話，那麼這個汲水的人就會氣得把水桶拋出去，並且對身上的枷鎖感到憤怒。因為對人類來說，再也沒有比日復一日做一成不變的事情更加困難的了。

也有一些帕帕拉吉，他們並不會每天在同樣的泉源汲水，儘管這對他們而言都還是一件非常快樂的事——不，他們只是在一個骯髒的房間裡，沒有光、沒有太陽，在裡面什麼也不做，把手抬起、放下，或是推一根棒子。這些動作所耗費的力氣，以及獲得的某種快樂，帕帕拉吉認為是迫切需要的，也許這樣就能讓機器運轉，或是使它調整成可以裁切石灰耳環、胸罩、褲子鈕釦等。也許歐洲的人比我們群島上的棕櫚樹還多，他們的臉色鐵青，因為工作毫無樂趣，職業耗盡了他們的一切興致，因為工作並不會帶來令人歡欣的果實，連一片葉子也沒有。

因此，有職業的人，內心都燃燒著仇恨。他們的內心深處有個東西，就像被鎖鏈銬住的動物，想抵抗卻無能掙脫。大家互相比較職業，勾心鬥角、相互嫉妒，大家談論職業的貴賤，即便所有職業不過是人類一半的作為。因為人類不是只有手、只有腳或者只有頭；而是全部的集合體。我們手、腳與頭想要合而為一。如果全部的四肢與感官一起行動，這樣才能造就一顆健康快樂的心。如果一個人只有一部分活著，其他部分都死了，他的心永遠不會健康起來，而是只有混亂、絕望或病痛。

帕帕拉吉因為他的職業而生活於混亂之中，但他卻永遠不想知道這些。要是他聽見我說這些，一定會認為我是個傻子——傻子想當裁判，卻不懂得裁判，因為他從來不曾有過職業，也不曾像歐洲人那樣工作過。

然而，為何我們的工作量應該比上帝所要求的還多？帕帕拉吉從來不曾讓我們看見事實與他的真知灼見。上帝所要求的工作量，是為了求溫飽、給頭頂一個屋簷，還有在村莊廣場上歡欣的慶典。這些工作並不多，我們也沒有職業所需的技能，但這許多島嶼上正直的弟兄與人們，他們快樂地工作，從不因此而痛苦。

否則寧可不要工作。這就是我們跟白人的差別。帕帕拉吉說起工作就嘆氣，彷彿重擔壓死了他；薩摩亞群島上，青年們唱著歌走進芋頭的野地，少女們唱著歌，在湧流的溪畔清洗腰布。偉大的神靈一定不想要我們被職業消磨得臉色蒼白，像蟾蜍或者潟湖中的小爬蟲類那樣囁嚅爬行。他想要我們抬頭挺胸、對自己的所作所為感到自豪，當個永遠眼神愉悅、四肢靈活的人。

註釋

1 「度西」（Tussi），意指信件。「度西度西」（Tussi-tussi），意指寫信的人。

2 「波阿」（Puaa）意指「豬」。

虛幻的人生場合
與許多紙張

親愛的大海的弟兄們，身為你們謙虛的僕人，我多想告訴你們，讓你們知道歐洲的真實面。就算我口若懸河，從早到晚說個不停，依舊無法完整拼湊真實，因為帕帕拉吉的生活就像海洋，它的起點與終點永遠無法一眼望穿。像大海一般的許多浪潮，怒號、洶湧、微笑、幻夢。一如從來沒有人可以空手竭盡這些海水，我也無法用微小的神智把這片名為歐洲的壯闊大海拖到你們面前。

但我想毫不遲疑地跟你們說，就好比海洋不能沒有水一樣，歐洲的生活不能沒有虛幻的人生場合，也不能沒有許多紙張。如果你從帕帕拉吉身邊拿走這兩樣東西，那麼他就跟被激浪扔上岸的魚沒有兩樣——只能四肢抽搐，再也不能像平常他喜愛的那樣游泳戲耍了。

虛幻的人生場合——這個地方，白人稱之為電影院，要我清楚明白地描述，讓你們的眼睛親歷其境，並不是一件容易的事。歐洲各地的每個村莊都有一個這樣的神祕場合，人們喜歡它勝過於上教堂。孩子們夢想著它，成天朝思暮想。

電影院是一個間屋子，它比烏波盧最大的酋長之家還要大，對，比那裡大上許多。即便是在最亮的白天，也一樣陰暗，裡面漆黑一片，沒有人認得出對方。人一走進去，就目眩眼花，當他走出來時，則更加目眩眼花。大家悄聲進入，沿著牆行走，接著會有一名少女拎著一盞小燈走過來，引他入座。一個個帕帕拉吉都蜷曲著身體坐在黑暗中，緊挨在一起，沒有人看得見別人，漆黑的空間充滿了沉默的人們。每個人都坐在一張窄小的板凳上，所有的板凳都面向同一面牆。

嗡嗡的聲響從這面牆的底部傳來，彷彿來自深深的溝壑。當眼睛習慣了黑暗，就會發現有個帕帕拉吉正坐在某處，跟一個箱子戰鬥。他揮舞雙手，朝著箱屋揮拳，大箱子則伸出許多黑白色的小舌頭，每個舌頭都驚聲尖叫，不同的觸摸方式產生不同的叫聲，造成奇詭野性的呼喊，彷彿村莊裡發生了嚴重的爭吵。

這種呼嘯使我們的感官麻痺，變得虛弱，以至於我們相信眼前所見，而不去懷疑它是否真實。轉瞬間，牆上發射一道光線，彷彿一道閃亮的月光，那道光線裡，有真實的人群，他們的穿著與長相都像真正的帕帕拉吉，他們走來走去，奔跑、又笑又跳，就像歐洲處處可見的那樣。它就像潟湖之上月亮的倒影。它是月亮，卻又不是月亮。也可以說，這只是一個映像。每個人的嘴巴都在動，他們在說話，這毋庸置疑，但大家聽不見聲音與字詞，再怎麼痛苦地仔細聽，還是什麼也聽不見。這也是之所以那位帕帕拉吉如此用力地打箱子的主要原因——他要製造幻覺，讓大家以為是呼嘯聲才令人聽不清。因此有時牆上也會出現字跡，將帕帕拉吉所說的話，以及將要說出的話，報給大家知道。

即便是這樣，這些人都是虛幻的人，而非真實的人。如果人們想抓住他，就會發現是無法捕捉的光影。這些光影的存在，只是為了讓帕帕拉吉看見自己的喜樂與哀愁，愚蠢與軟弱。在其中，他看見最美的女人與男人就在近旁。就算他們也沉默不語，他還是可以看見他們移動的身姿，以及眼睛裡的光芒。他們好像在照亮他，並且跟他說話。他看見難得見上一面的最高的酋長，完全不受干擾，就像跟他同類那般近身接觸。他參加大型宴會、弗諾（聚會）與其他慶典，始終跟大家一起吃喝與慶祝。然而，他也會看見帕帕拉吉如何掠奪一個亞嘎（家庭）的女孩。或是一個女孩如何對她的男孩不忠。他看見下面的故事——一個野蠻的男子掐住一個富有阿立（先生）的咽喉，他的手指掐進脖子的肉，阿立的眼睛突起，接著死了，野蠻的男人就從他的腰布把圓金屬與厚紙片用力掏出來。正當這種快樂與恐怖的事情映入帕帕拉吉的眼簾，他只有靜靜坐著；他不能痛罵那個不忠的女孩，也不能趕來幫忙拯救富有的阿立。然而，這並不會讓帕帕拉吉難受。他以狂喜的眼神看著這一切，彷彿他沒了良心。他一點也感受不到驚嚇與憎惡。他觀察一切，彷彿自己成了另一種生物。因為那些觀看的人，總是固執地以為自己比置身光影裡的人還要優越，認為自己能夠避開那些展現在他面前的愚蠢。他們屏氣凝神、眼睛望著牆壁，只要看見強壯的心靈與高貴的映像，他就會占為己有，並且心想——這是我的映像。他一動也不動地坐在木椅上，看著那片陡峭空曠的牆，牆上盡是虛幻的光，那是魔術師從牆後窄窄的裂縫投擲出來的，有許多虛幻人生活動在其上。這些沒有真實生命、自成一格的虛幻映像，使帕帕拉吉樂此不疲。在這個漆黑的空間，他可以無所顧忌地投入一個虛幻的人生，而不用擔心有人會看見他。窮人可以扮演富人，富人可以扮演窮人，病人會以為自己健康，虛弱的人會以為自己強壯。每個人都可以在黑暗中給自己保留一些東西，去體驗虛幻的人生。那是他們真實人生中不曾有過，也不會再有的體驗。

沉緬於這種虛假的人生，成為帕帕拉吉熱中的事情，這樣的熱中，有時強烈得讓他忘記自己的真實人生。這樣的熱中是種病，因為一個端正的男人並不會想在漆黑的空間裡過著虛假的生活，而希望能在明亮的陽光底下真實溫暖地生活。這樣的熱中，後果就是讓許多帕帕拉吉從虛幻的人生踏出來之後，就再也無法辨別人生的真實與虛幻，他們的思緒變得混亂，貧窮的時候誤以為自己是富裕的，醜陋的時候誤以為自己是美麗的。或是嘗試真實人生當中永遠不可能的胡作非為，他們這麼做，皆是因為已經無法辨別事物的真實與否。這就類似你們在歐洲人身上看見的那樣——歐洲人如果喝了太多卡瓦酒，就會以為自己行於波浪之上。

許多紙張可以給帕帕拉吉帶來陶醉與狂喜。這許多的紙張是什麼呢？想想那白色而薄、摺疊起來的塔帕草蓆，每一面都寫滿了字，滿滿的——這就是許多紙張，或者一如帕帕拉吉所稱的報紙。

在這些紙張中，有許多帕帕拉吉偉大的聰明才智。他必須每天早晚埋頭於紙張之間，讓腦袋填滿新知，使它飽足，俾使自己更順利思考，腦袋裝滿東西，好比馬兒如果吃了許多香蕉，身強體壯，牠就會跑得比較快。阿立還躺在草蓆上，送報紙的人早已在各地分發許多紙張。帕帕拉吉起床之後的第一件事，就是去拿它來讀。他的眼睛幾乎要鑽破報紙，許多帕帕拉吉都這樣說。每個帕帕拉吉都做一樣的事——他們閱讀。他們閱讀最高的酋長與歐洲的發言人在他們的弗諾所說的話。這些都清楚記錄在草蓆上，即便有些內容看來愚蠢。包括他們身穿的腰布，上面也清楚寫著那個阿立吃了什麼、你們的馬名叫什麼，是否得了象皮病[1]，或是腦筋不靈光？

他們所談論的事情，在我們這邊的意思大概是這樣——來自瑪塔杜的普魯紐今天早上睡飽以後，就吃掉了前夜剩下的芋頭，接著他去釣魚，中午又回到他的屋子，躺在草蓆上，他唱聖歌、讀聖經，直到晚上。他的妻子西娜先是給孩子餵奶，接著就去河邊洗澡；回家的路上，她看見一棵美麗的波阿樹，她用樹上的東西妝點頭髮，然後再回到自己的小屋。諸如此類。

一切發生的事，人們做與不做的事，都會被宣傳，壞念頭與好念頭都一樣，好比當他們宰殺一隻雞或一頭豬，或建造獨木舟，都會被宣傳。遠方所發生的一切，這個草蓆都會認真負責地全都說出來。帕帕拉吉稱之為：「一切都完整告知。」他想清楚知道自己的國家從日落到下個日落發生的事情。

如果遺漏了什麼消息，他就會非常憤怒。他貪婪地吸收資訊。儘管所有可怕的事情都會被宣布，健康的人最希望快快忘掉的那些事情。偏偏這些不好的、令人痛苦的消息，都會更清楚地、一五一十地被傳達，勝過所有好消息，彷彿好事比壞事更不值得一提，報導壞事更令人高興似的。

如果你讀報紙，那麼你不需要去阿波里瑪、馬諾諾、薩瓦伊旅行，就可以了解你朋友們的想法、所作所為，以及慶祝的事。你可以安靜地躺在草蓆，許多紙張會跟你說一切的事情。這樣看來非常好、很舒適，但這只是謬論。因為如果你遇見你的弟兄，而人人都把頭埋進許多紙張中，那麼大家就沒有什麼新鮮事與特別的話題可以告訴別人，由於每個人的腦袋裡都裝著一樣的東西，於是你們大家都保持沉默，或者只是彼此覆述紙張裡面所說的內容。然而那些重大的事情、歡慶與悲傷的時刻，都需要大家一起感受與經歷；不能只聽陌生人講而沒有親眼看見。

報紙讓我們的精神變差，報紙不僅告訴我們發生的事，它還告訴我們該怎麼想事情，針對這些那些、我們的大酋長或其他國家的酋長們、有關所有發生的事與人類的作為。報紙想把大家的腦袋都變成一個樣，它跟我的腦袋與思想戰鬥。它要求每個人的腦袋與思想都變成它那樣。它確實也成功了。如果早上讀了許多紙張，中午你就會知道，每個帕帕拉吉的腦袋與思想都裝了什麼。

報紙也是一種機器，它每天都製造許多新思想，比一個腦袋可以成就的思想還要多。然而，大部分的思想都是軟弱的，缺乏自信與力量，它們餵養我們的腦袋，卻不會使它更強大。我們其實也可以用沙子來填滿腦袋。帕帕拉吉拿這些沒用的紙張來餵養腦袋。一份報章還沒扔下，他已經開始讀新的一份。他的腦袋就像陷在自己淤泥裡的紅樹沼澤，裡面長不出新綠，也結不出果實。只有噁心的沼氣升騰，螫人的昆蟲飛舞。

虛幻的人生場合與許多的紙張把帕帕拉吉變成了現在的模

樣——他成了一個軟弱錯亂之人，喜愛不真實的事，對於真實卻再也辨不清，他錯將月亮的映像當成月亮，錯將寫滿文字的蓆子當成自己的人生。

註釋

1 象皮病（Elephantiasis），一種疾病，組織腫瘤增生，使四肢不自然地腫大。

思想是一種嚴重的病

如果帕帕拉吉的口中吐出「精神」這個詞，他的眼睛會變得又大又圓，直直地望；他會挺起胸膛、深呼吸、伸展身體，像個擊潰敵人的戰士那般。因為這樣的「精神」是某種使他感到自豪的東西。這場談話要說的並非萬能偉大的神靈，傳教士稱為「上帝」的那種。在祂面前，我們所有人都只是可憐貧乏的倒影；這裡指的精神，是屬於人類、可以衍生思想的微小精神。

假如我從這裡看出去，發現傳教士的教堂後面有一棵芒果樹，那樣也不是所謂的「精神」，因為我只是看見了它。可是，如果我發現那棵芒果樹比傳教士的教堂更大，那樣就是一種精神。我不能只是看某些東西，我也得知道某些事情。這樣的求知，帕帕拉吉從日出練習到日落。他的精神永遠都像火焰管，或者一根拋出去的釣竿。他對於我們這許多島嶼的人民充滿同情，因為我們沒有練習求知。我們的精神貧乏，像荒野的動物那樣愚昧。

我們很少練習求知，這麼說大概是對的。帕帕拉吉稱之為「思想」。不過，凡事不多想的人，或者想太多的人，究竟誰才是愚蠢的，這點有待商榷。帕帕拉吉始終都在想事情。我的房子比棕櫚樹矮。棕櫚樹被暴風吹歪了。暴風大聲呼嘯。他是這樣想的，用他認為自然的方式。他也想著有關自己的事——我長得矮小，看見少女時，我總滿心歡喜。我非常喜愛去馬拉加[1]，諸如此類。

對於喜歡在腦中進行這項遊戲的人來說，這是令人高興的好事，也有些隱而不顯的用處。然而，帕帕拉吉想得如此多，以至於思想成了一種習慣、成為必要的事，甚至是一種脅迫。他必須經常不斷地思索。如果要他不思索，同時與身體相安無事地生活，他根本做不到。他經常只有腦袋醒著，其他感官都睡了，就算他同時昂首挺胸行走、說話、吃飯、大笑。思索與思想把他困住了——這就是思考的果實。這是一種對於自我思索的陶醉。太陽出來以後，他們馬上想著：現在太陽出來了，多好！他們經常不斷地想：現在太陽出來了，多好。這是錯的，完全錯誤。愚蠢啊。因為太陽出來的時候最好什麼都不要想。一個聰明的薩摩亞人會在溫暖的陽光下伸展四肢，什麼也不想。他擷取陽光的方法，不只用頭，也用手、腳、大腿、肚子與四肢。他讓自己的皮膚與四肢想自己的事。皮膚與四肢雖然不同於腦袋，但它們也是會思考的。對於帕帕拉吉而言，思想有如一大塊火山熔岩，屢屢擋住去路，因為它無能夢想。他或許會高興地思索，卻笑不出來，他或許會悲傷地思索，卻哭不出來。他肚子餓，卻不去拿芋頭或帕魯薩米[2]來吃。他大多時候，是一個生活在憤恨中的人，他的精神一分為二。

帕帕拉吉生活是這樣的，好比一個男人，他要乘船到薩瓦伊，才剛剛離開岸邊，就開始想：我要花多少時間，才到得了薩瓦伊呢？他思索著，卻不去看旅途當中友善的風景。很快地，左邊的河岸有座山脊映入眼簾，他一眼見到，目光就無法離開那裡。那座山的背後會是什麼呢？是否有座或深或淺的港灣？他忘記自己本來想與年輕人一起唱船歌，他也聽不見少女們愉悅地說笑。港灣與山脊才剛剛經過，這時新的煩惱又來折磨他：傍晚之前會不會有暴風？是的，不管暴風是否會來，他都試著在澄明的天空裡尋找烏雲。他總想著可能來臨的暴風。暴風並沒有來，他在晚間毫髮無傷地抵達薩瓦伊。然而，這樣的結果，就好比一場沒有進行的旅行，因為他的思索既不在船上，也離身體遙遠。如果可以好好待在烏波盧的屋子裡，那該多好。

有種精神是這樣折磨人的，譬如艾圖（惡魔）。我不明白為何自己應該這麼愛它。帕帕拉吉熱愛、推崇自己的精神，並且用腦袋裡的思想來餵養它。他從不讓它飢餓，就算思想彼此爭食，也不妨礙他。他用思想製造很多噪音，讓它們像沒有教養的孩子們那般嘈雜。他如是生產，彷彿思想如同花朵、山峰與森林那般美妙。他說起自己的思想，彷彿勇敢的男人與愉快的女孩都不值得一提。他裝腔作勢，讓人以為哪裡規定了男人應該要多多思索。

是的，彷彿這是來自上帝的規定。棕櫚樹與山峰思考的時候，它們是不會發出很多噪音的。當然，要是棕櫚樹在思索的時候像帕帕拉吉那麼吵、那麼野，那麼它們就不會有漂亮的綠葉與金色果實了。(因為思索催人老、讓人醜，這是千古不變的定理。)它們一旦成熟，就會落下。更有可能的是，它們其實很少想事情。

何況，思索有各種各樣的方式，精神的箭有多種多樣的目的。老是往遠處想的思想者，他們的命運是悲慘的。如果明天的朝霞出現，它又會變得怎樣？假如我進到了沙列佛[3]，偉大的神靈究竟打算對我怎樣？在塔加羅[4]的使者把阿嘎嘎[5]送給我之前，我究竟置身何方？這樣的思索實在沒有用處，就好比有個人想閉著眼睛看見太陽。這樣是不行的。而且思索有其限度，不可能及至遠處，及至原初與終點。試著去想的人，就能感覺到。他們就像翠鳥，從少年到成年都蜷曲在同一個地方。他們不再看太陽，不再看遠方的海與可人的女孩，沒有歡樂，沒有空無，沒有一無所有。即便是卡瓦酒，他們也覺得失了味；在村莊廣場跳舞時，他們只是望著地面。他們並沒有活著，儘管他們也沒有死去。思想的重病侵襲了他們。

這樣的思索，應該可以使腦袋變得高大。如果有人想得很多很快，在歐洲人們就會說他是「大腦袋」。擁有大腦袋的人，並不會被同情，而會特別被推崇。村莊的人會推選他成為酋長，大腦袋所到之處，都得在公眾面前思索，討所有人的歡心與崇拜。大腦袋如果死了，那麼就會舉國上下皆悲傷，對於失去的事物感到非常哀痛。大家在崖邊的岩石之上為死去的大腦袋立像，並且把它放在市集廣場的眾目睽睽之下。是的，他們把這個化成石頭的腦袋做得好大，比它們在世時大得多，目的在於讓人民感到讚嘆，並且謙虛地反思自己的小腦袋。

如果有人問一個帕帕拉吉：你怎麼想那麼多呢？他會回答，因為我不想繼續愚蠢下去。不去思考的帕帕拉吉是瓦列[6]的；其實他很聰明，不用想太多，還是可以找到自己的路。

我覺得那只是一個藉口，其實帕帕拉吉聽從的是心裡的壞念頭。他的思索，有一個真實的目的，那就是洞穿偉大神靈的力量。這樣的一個作為，他給了一個好聽的稱號——認識。認識的意思就是，一個事物擺在眼前，近得鼻子都要戳進去了。穿透、洞穿所有事物，這就是帕帕拉吉可鄙、無趣的慾望。他會抓住一隻蜈蚣，用一把小矛刺穿牠，扯斷牠的一隻腿。牠的腿與身體分離，不知道看來怎樣？牠的腿與身體是怎麼連在一起的？為了知道身體的厚度，他把牠的腿打斷。這自然是非常重要的。他從大腿取下一個砂礫大小的碎片，把它放在一個長長的管子底下，那條管子有神祕的力量，能使眼睛看得更加清晰。他用銳利的大眼睛搜尋一切，你的眼淚、你的皮膚、你的頭髮，一切的一切。他把所有的事物都分成小塊，直到成為一個點，再也無法分裂。雖然這個點是最小的一個，大部分的時候，它也是意義最重大的，因為那是只有偉大的神靈才有的最高智慧的入口。

這個入口禁止帕帕拉吉進入，即便是最厲害的魔術之眼也無法望進。偉大的神靈永遠不讓自己的祕密被拿走。永遠不會。沒有人能順著棕櫚樹往上爬，卻爬得比棕櫚樹還要高，他的雙腳纏繞著樹，爬上頂端只能折返，那裡沒有樹幹，能讓他爬到更高的地方。偉大的神靈也不喜歡人們太過好奇，因此祂用巨大的藤蔓覆蓋住萬物，使人找不到起點與終點。因此，每個想要追逐一切思想的人，終究會發覺自己到頭來愚蠢依舊，他回答不出的問題，必要倚賴偉大神靈給答案。最聰明勇敢的帕帕拉吉也承認這點。儘管如此，大部分思索病的病患還是放不開他們的慾望，於是造成了這樣的後果——思索使人在行走之中不斷迷途，彷彿進入小徑無人光顧的原始森林。他們左思右想，意識與感官已經一時無法分別人類與動物，這是真實發生的事。他們宣稱，人類就是動物，動物就是人類。

不幸且糟糕的是，一切思維無論好壞，全都一樣，可以馬上拋向薄薄的白色草蓆。帕帕拉吉說：「它們會被印出來。」意思就是，那些病人所想的，會被一台機器寫下來，那台機器極其神秘且充滿奇蹟，擁有上千隻手與許多大酋長的堅強意志。但並不是只寫下一次或兩次，而是許多次，數不盡的許多次，總是寫下一樣的思想。許多思想的草蓆會被壓成一束——帕帕拉吉稱之為「書籍」——並且把它們送到廣大的全國各地。很快地，大家都會被感染，並且接受這樣的思想。人們將這樣的思想當作甜甜的香蕉吞下去，每間屋子都有這樣的思想草蓆，大家把它堆得滿滿，年輕人與老人啃食著它們，就像老鼠啃食甘蔗那般。於是，只有很少的人可以自然理性地思考，就像每位正直的薩摩亞人那樣。

同樣的，孩子們的腦袋也被塞進許多思想，彷彿思想一股腦想進入它。他們必須每天消化定量的思想草蓆。只有最健康的孩子會對這些思想反感，他們會讓這些思想穿過精神之網，而後落下。大部分的人給自己的腦袋裝載了過多的思想，以至於腦中沒有更多空間，再也沒有光線可以進入。大家把這件事情稱為：「教養」，而這種混亂的教養過程，他們稱之為：「教育。」這件事情非常普遍。

教育的意思就是——用知識將腦袋填滿，滿到不能再填為止。受過教育的人，知道棕櫚樹的高度，知道椰子的重量，知道每個大酋長的名字，以及他們的戰爭所發生的時間。他知道月亮、星星與每個國家的大小。他知道每條河流、每隻動物與每個植物的名字。他知道一切的一切。如果你向一個受過教育的人提出一個問題，不用等你把話說完，他就會開始滔滔不絕地回答。他的腦袋總是裝著彈藥，隨時準備射擊。為了能讓腦袋變成最快的火焰管，每個歐洲人都把人生最美好的時光花在上面。想要脫離這個規則的人，會被迫回到這裡。每個帕帕拉吉都必須求知並思考。

唯一能夠讓思索病的病患獲得療癒的，是遺忘，也就是將思想拋卻，但卻沒有人這麼做；因此只有極少人有能力如此。大部分的人，腦袋裡有許多重負，以至於身體不堪負荷，有氣無力、神志枯槁。親愛的不思考的兄弟們，既然我已在此告訴你們真實的情況，難道我們應該真的去仿效帕帕拉吉，像他那般思考？我要說，不！因為我們應該什麼都不做。我們可以這麼做，因為那些東西並不會讓我們的身體變強壯，而我們的意識感官也不會變得更好、更快樂。我們必須保護自己，用盡一切方式使自己生命中的愉悅不被奪走，凡是讓我們的精神變得陰沉，讓明亮的光線無法照進來的，讓我們的腦袋與身體陷入爭執的東西，我們都要避免。帕帕拉吉透過他自己來向我們證明，思想是一種嚴重的病，它大大地降低了人類的價值。

註釋

1 馬拉加（Malaga），旅行之意。

2 帕魯薩米（Palusami），薩摩亞人最愛吃的菜餚。

3 沙列佛（Salefe），薩摩亞的陰間。

4 塔加羅（Tagaloa），傳說中至高的上帝。

5 阿嘎嘎（Agaga），靈魂之意。

6 瓦列（valea），愚蠢之意。

帕帕拉吉要拖我們進入他的黑暗

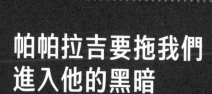

親愛的兄弟們，曾經有一段時間，我們大家都坐在黑暗裡，沒人認識閃耀的福音之光，因為我們就像四處亂晃的孩子一樣，找不到回家的路，因為我們的心不認識大愛，我們的耳朵還聽不進去神的話語。

帕帕拉吉為我們帶來光亮。他來到我們這裡，使我們從自身的黑暗當中解放。他把我們帶到上帝那裡，並且教我們愛祂。我們敬愛他們，因為他們帶來了光亮，他們是白人稱之為上帝的偉大神靈的代言人。我們把帕帕拉吉當成自己的兄弟，不會阻止他進入我們的國家，而是大方地跟他分享所有的果實，以及所有可以吃的東西，彷彿大家是同一個父親所生的孩子。

白人致力於帶給我們福音，即使我們像桀驁不遜的孩子那樣抗拒他們，他們的努力仍然不減。為了這份努力，以及他們為我們所投注的耐性，我們很感謝他們，也會永遠讚美他們，作為給我們帶來光明的人，我們尊敬他們。

帕帕拉吉的傳教士教我們的第一件事是——上帝是什麼。他帶我們遠離那些他稱之為邪神的古老神祇，因為他們當中沒有真正的神。因而我們也就停止朝拜夜晚的星星、風與火的力量，我們於是轉向他的上帝，也就是天上的大神。

上帝所做的第一件事，就是讓帕帕拉吉把我們的火焰管與武器都拿走，這樣大家就會以基督徒的身分彼此相安無事地生活。因為你們知道上帝的話語——我們要彼此相愛，而不應彼此殺戮，那是祂最高的旨意。我們給出了武器，避免戰爭的蹂躪，因此我們的群島越來越強盛，大家相處起來也兄友弟恭。我們才知道，原來上帝的命令都是有道理的，因為今天每個村莊都和平共處，而從前的村莊，都是充滿不安、處處驚恐的。即便我們的心中不見得都有個偉大的上帝，心中充滿祂的愛，我們卻還是能夠充滿感謝地發現，自從我們尊崇上帝為世上的大酋長、最高的統治者以後，我們的意識與感官就變得更強大了。我們帶著敬畏與感謝之心聆聽祂聰明與偉大的話語，那些話不斷地以偉大的神靈充實我們，使我們在愛中日益茁壯。

我說過，帕帕拉吉給我們帶來光明，那道奇妙的光在我們的心中燃燒，使我們的感官意識充滿喜悅與感謝——他比我們更早得到光。我們當中年紀最大的還沒出生的時候，帕帕拉吉就已經置身於光中。但是，為了照亮別人，他僅僅使用伸出的手來承接那光，他自己的身體，卻置身於陰暗裡，儘管他的嘴巴呼喊著上帝，他的心卻離上帝遙遠，因為他僅僅使用雙手承接那光。

這許多島嶼的孩子們啊，再也沒有什麼比跟你們說這些事情，更加令我心沉重悲傷了。但我們不能也不想被帕帕拉吉所欺騙，讓他就這麼把我們拖進他的黑暗中。他把上帝的話語帶給我們。是的。但是他自己卻沒有理解上帝的話語以及祂的教導。他的嘴巴與腦袋理解這些，身體卻不是如此。光並沒有進入他的身體，成為返照的光芒，在他所到之地，發自內心散射出來。我們也可以把這樣的光稱之為愛。

雖然他已經不再能感受到話語與身體之間的那種虛假與謬

誤。但是你會發現，再也沒有哪個帕帕拉吉能夠發自內心說出「上帝」這個詞。他說出這個詞的時候會變臉，彷彿自己非常疲憊，甚或這個詞與他無關。所有的白人雖然都說帕帕拉吉是神的孩子，並且讓不信神的酋長們在草蓆上書寫，證明帕帕拉吉的信仰。然而，即使每個人都接收到巨大的愛，每個人都知道上帝，上帝對他們來說還是很陌生。即便是那些堅決在華美的大屋子講述上帝的事情的人，那些屋子是為了用來讚美上帝而建造的，即便如此，他的內心也沒有上帝，那些話語飄散在風中，成為空無。上帝的代言人，說出的話語沒有上帝，就像衝擊礁石的波浪——即使不停地呼嘯，也沒有人多聽一點。

上帝不會氣我這麼說的——我們這些島嶼的孩子並不比現在

的帕帕拉吉差勁，因為我們從前朝拜星星與火焰。我們當時很差勁，因為我們身處黑暗之中，不認識光亮。不過，帕帕拉吉認得光，卻依舊生活在黑暗之中，他很差勁。最糟的事情是，他們自稱為上帝的孩子與基督教徒，因為他們手中有火把，就想要我們相信他們就是火焰。

帕帕拉吉很少想起上帝。除非是風暴侵襲了他，或是生命之火將熄之時，才會想到勝過他的力量，以及地位比他更高的酋長。在白天的時候，上帝侵擾他，讓他們無法沉浸於難得的享受與愉悅之中。他知道自己無法讓上帝歡喜，他也知道，如果上帝的光真的在他的心底，他一定會羞愧地把自己埋進沙子裡。因為他們的心中除了充滿仇恨、貪婪與敵對，別無其他。他的心變成了一個尖尖的、用來掠奪的大鉤子，而非變成驅走黑暗、照亮一切並使人溫暖的光線。

帕帕拉吉自稱為基督徒。那個字眼好比美麗的歌唱。噢，要是我們可以一直自稱為基督徒多好！成為基督徒的意思就是——愛上帝與他的兄弟，然後才愛自己。愛就是做良善之事，它就像我們身體裡的血液，如同頭與手合為一體。帕帕拉吉只有在嘴巴上說出基督、上帝與愛的字眼。他鼓動舌頭、發出許多噪音。然而，他的心與他的愛卻不屈服於上帝，而只屈服於東西、圓金屬與厚紙片，屈服於慾望與機器，充滿他們的不是光亮，而是對時間野蠻地貪求，以及他在職業上的愚蠢表現。他們寧可到虛幻人生的場所十次，也不要去上帝那裡一回，上帝離他們很遠、很遠。

親愛的兄弟們，如果有一個我們在上帝之外敬拜與崇拜的偶像，是我們心頭的最愛，那麼今天帕帕拉吉擁有許多偶像，比我們曾經擁有的都多。上帝並非帕帕拉吉心頭的最愛。因此，他們也不執行上帝的意志，而是依照艾圖（惡魔）的意志。我說出自己的想法，帕帕拉吉將福音帶給我們，作為一種交換，好給自己換來我們的果實，或是我們土地最美的部分。我知道他會做壞事，因為我發現了帕帕拉吉心中的許多髒汙與罪惡，我知道上帝愛我們遠勝於愛他們。他們稱我們為野蠻人，意思就是我們如同那擁有動物的牙齒、卻沒有心的人類一樣。

然而，上帝闖進他們的眼睛，讓他們的眼皮打開，好讓他們能看見。祂告訴帕帕拉吉，做你自己吧。我不會再命令你們了。

這時，白人離開，原形畢露。噢，真是可恥！噢，真是可怕！他們的舌頭響亮、言語驕傲，同時將我們的武器拿走，用神的語言說——你們要愛彼此。而現在呢？噢，兄弟們，你們聽見了這可怕的消息，那沒有上帝、沒有愛、沒有光的事件——歐洲正在自相殘殺。帕帕拉吉發狂了。大家彼此互相殺戮。處處是血、恐怖與腐敗。帕帕拉吉終於坦承——我的心中沒有上帝。他手中的光亮正在熄滅。他們的路途一片黑暗，大家只聽見蝙蝠可怕的振翅，以及貓頭鷹的叫聲。

兄弟們，我的心中充滿對上帝的愛，以及對你們的愛，因此上帝給我微小的聲音，來告訴你們我所說的這一切。如此我們便可以保持堅強，不被帕帕拉吉喋喋不休、詭計多端的舌頭所打敗。日後要是他靠近我們，就讓我們伸出雙手，對他呼喊——別大聲嚷嚷，安靜下來吧，你說話彷彿激浪與棕櫚樹的林葉那般嘈雜，但別再繼續了，除非你有張快樂、強壯的臉龐，眼神有光，除非你的身上散發著如同太陽一般的上帝形象。

我們想對更遠的遠方發誓，對他喊：別靠近我們，繼續歡愉吧，你們野蠻的手貪婪地伸向富有，或是滿腦袋想著富有與貪婪，你們想擁有得比自己的兄弟多，只想著做許多沒有意義的事，想著雙手造出的混亂，一時好奇的思想與知識，其實卻一無所知。你自身所有的愚蠢，使自己在草蓆上輾轉難眠、不得安寧。我們不需要這一切，我們滿足於高貴、美麗的愉悅，上帝無私地給予我們許多。上帝一定會讓我們不至於在祂的光中目眩眼花、陷入迷途，而是照亮前方的路，讓我們走進祂的光中，並且使我們接收那奇妙的光。也就是——我們彼此相愛，發自內心地打好多「它羅法」（招呼）。

劃破天空的人
——《帕帕拉吉》譯後記

《帕帕拉吉》（*Der Papalagi*）這本小書出版於一九二〇年，是埃利希．薛曼的諸多作品之一。它的內容不同於德語文學常見的風景，充滿異國的眼光與情調。書中的異國，即是南太平洋的薩摩亞群島[1]。薛曼所生活的時代，正是歐洲諸國對於世界各地虎視眈眈的時刻。西方的「文明人」亟欲探索這個世界，卻又急於占領、統治它。德國在一八七一年完成統一之路，建立德意志帝國，同時也開始了它的殖民歷史。

「帕帕拉吉」是薩摩亞語，指的是他們難得見到的白人，也就是踏上島嶼的歐洲人。就字面上翻譯，則是「劃破天空的人」。白人傳教士乘帆船而來，彷彿讓天空破了洞，然後掉到他們那裡。《帕帕拉吉》這本書，根據作者的說法，是一部演講手稿，也就是南太平洋酋長杜亞比的談話。裡面共有十一個篇章，聽來既像寓言，也像是異世界的故事；那是薩摩亞島的上酋長所帶來的新發現——當他陳述這位「劃破天空的人」，同時也告訴大家，歐洲與薩摩亞的生活方式與想法觀念有何不同。

《帕帕拉吉》是杜亞比未完成的演講草稿，原先以朗讀的方式念給作者聽，「他不刻意使用演說的方式，彷彿他所述說的都是遙遠的歷史」，這樣的聆聽經驗，促使作者想將它翻譯成德文。薛曼也承認，他在翻譯時盡可能地忠於原文，卻無法保留聆聽朗讀時的那種直覺性與親近性。《帕帕拉吉》由薩摩亞語直譯為德語，再由德語直譯為中文，成為了今日我們在這本小書裡認識薩摩亞的方式。

薩摩亞群島上的人，自古以來過著部落生活，直到西方人發現了它，將之納為己有，並且開始派遣傳教士到薩摩亞去。文明與蠻荒、進步與落後，並非酋長所要訴說的本意，在他的世界裡，並非是全然的二元對立。酋長杜亞比僅是透過自己的觀察，將他所看見的歐洲，以說故事的方式表達出來。譬如「衣服」的概念，他就用腰布與草蓆來指稱，然後說：「大多數的歐洲人的腳已經失去抓東西與爬上棕櫚樹的能力，於是帕帕拉吉企圖遮蔽自己的愚蠢。」他用石箱屋譬喻歐洲人所居住的樓房，然後說：「一個薩摩亞人在這樣的石箱屋很快就會窒息……每個石箱屋都住著像薩摩亞島上村莊那麼多的帕帕拉吉。」裂縫則隱喻了車水馬龍的街道：「這些裂縫裡面危機四伏，因為大家都亂跑，他們行車、騎馬、橫衝直撞，在金屬條載運的玻璃屋上隨之滑行。」圓金屬與厚紙片則代表金錢，「許多人數錢數到眼睛都瞎了。」他們放棄快樂、放棄妻小以及自己的健康，來交換圓金屬與厚紙片。還有許多的東西，對物的需求，意味著自我的貧乏。而且帕帕拉吉沒有時間，「帕帕拉吉被自己的恐懼給附了魔，他們恐懼時間流逝……在歐洲，只有很少的人真的有時間。」對於薩摩亞人而言，則是「時間多得是，絕對比一個人所需要的還多。」

有了東西，就需要法律來制定歸屬。薩摩亞語的「你的」與「我的」是同一個字，生活所需的一切都是共有。在帕帕拉吉的律法中，簡直沒有道理可言。而帕帕拉吉對於機器的依賴，也讓酋長杜亞比看在眼裡：「帕帕拉吉總想快速抵達目的地。他大部分的機器只有一種用途——使人快速抵達。……於是帕帕拉吉終其一生都在追獵，沒有休止，他荒廢了行走與散步的能力，以及隨心所欲地且愉悅地與事物不期而遇。」

酋長杜亞比看見的歐洲，正值歐洲報業與電影業開始興盛之時，那些裝滿資訊的紙張，白色帷幕投影出來的幻景，成為許多帕帕拉吉競相追逐的對象。在薩摩亞的酋長眼中，帕帕拉吉變得軟弱錯亂，對真實的事物再也辨不清。書籍報章所包含的知識、訊息、思想，透過傳播的方式進入帕帕拉吉的腦袋，成為教育，帶來教養。然而，過量的知識成為重負，反而使人神智枯槁。

人類的存續，無非是為了能夠快樂的生活。酋長杜亞比在一次世界大戰爆發前夕，語重心長地告訴作者自己的觀察。與其說那是來自遠方的凝視，不如說，那是作者作為一位西方人，來到薩摩亞群島之後的自我凝視。那樣的凝視與描述，在殖民主義的背景下，更值得探究其中的深意。

埃利希．薛曼一生歷經德國的各種政治變遷，他生於德意志帝國時期，歷經威瑪共和、納粹時代與戰後西德。這位風景畫家與作家，喜歡四處旅行漫遊，一九一四年因為出版社的邀約，親身前往南太平洋薩摩亞群島，生活了一年。這段經歷成為他的文學作品中不斷出現的母題，其中以《帕帕拉吉》為代表。《帕帕拉吉》這本小書，原來的書名有個副標——「南太平洋酋長杜亞比的談話」。作者企圖顯示作品的真實性，使其進入非虛構文學的範疇。儘管薛曼在後來的作品中表示酋長真有其人，後世的研究者從各種角度，證明了這部作品強烈的虛構成分，有一說是書中呈現的觀念與真實的薩摩亞文化有所出入，另一說則是作者的薩摩亞語能力不足以進行翻譯。這部曾經在德國售出百萬冊的暢銷之作，在一九二〇年出版後，直到一九七〇、一九八〇年代重新被發掘，德國綠黨鼓吹的綠色運動，延續六八學運的聲浪，走向環境保護、回歸自然，年輕世代在《帕帕拉吉》當中找到了共鳴。

埃利希．薛曼的作品充滿了弔詭，也因此給予了後世的研究者多種研究的路徑。那些弔詭，也展現在薛曼隨波逐流的一生當中。一九三七年，他加入納粹黨，同時也在那個時期的著作中展現了種族主義思維。

《帕帕拉吉》作為埃利希．薛曼的代表作，至今仍被德國中學視為重要讀物，它屬於「經過時代考驗仍富價值的文學作品」。德意志帝國時期的他，或許是最快樂的？這點我們不得而知，在殖民時期的文學論述中，展現異國眼光與情調，確實是風行的手法之一。不同於德語文學的風景，《帕帕拉吉》讓我們透過部落族人的眼睛回看自身，當時的「歐洲人」，早已成為今日的「我們」。這是酋長的文明世界初體驗，並且讓這一切在帕帕拉吉的身上具體而微。那位劃破天空的人，居住在你我的身體裡。不如找個時間，慢慢地擺脱他吧！

彤雅立

註釋

1 薩摩亞群島的主要島嶼薩摩亞於一八九九年一分為二，東薩摩亞成為今日的「美屬薩摩亞」（American Samoa），西薩摩亞則於一九〇〇年至一九一四年成為德國殖民地。一九一四年七月，一次世界大戰爆發，一個月後，紐西蘭軍隊進入薩摩亞，接管該地，直到一九六二年薩摩亞共和國宣告獨立。

【評帕帕拉吉】
假如「文明人」是人類學觀察對象

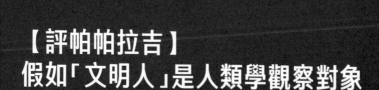

人類學的興起，基本上跟殖民時代的興盛所同步，這點是不言而喻的。早期的博物學者、人類學者，以其對殖民地原住民的研究協助殖民者制定管治方略，除了帶有助紂為虐的色彩，當然也是極其政治不正確：所謂的次等人類被當作「博物」之一種加以剖析研究，其風土其習性其信仰，統統變成動物行為一樣的樣本被採集、描述。那時的「人類學」寫作，多少帶有獵奇和居高臨下垂憫的色彩。

在這樣的背景中，《帕帕拉吉》的橫空出世簡直有時間穿越之嫌——它完全立足於薩摩亞酋長杜亞比的角度、也即玻里尼西亞民族的角度，去對前者所見所聞的十九、二十世紀之交的歐洲「文明」評頭論足，這豈不是非常革命、非常政治正確的一種「逆權」行為？難怪乎本書的各種譯本在二十世紀六、七〇年代突然風行，被「重估一切價值」的叛逆世代奉為神書。

因此，《帕帕拉吉》其實是一本反向的人類學著作，是被殖民「野蠻人」對殖民者「文明人」的一次人類學田野調查，並且在一本正經的「分析」中飽含了挑釁和譏諷，可謂機智十足的顛覆性著作。

而我有充足的理由懷疑，這也是一本所謂的「偽書」，就跟《西雅圖酋長宣言》（*The Statement of Chief Seattle*）、《黑麋鹿如是說》（*Black Elk Speaks*）一樣，所謂的德語譯者埃利希·薛曼或許就是作者。而「作偽」的目的也相似，既替身為殖民者的本民族贖罪，亦以此特殊形式發出警示：我們這個世界必須反思自己所選擇的道路了。

這也許是歐洲作家第一次「去歐洲中心」的換位思考——僅遲於歐洲畫家的第一次：高更（Paul Gauguin）所寫的《諾阿諾阿》（*Noa-Noa*）。杜亞比酋長／埃利希·薛曼幾乎是在殖民主義由最強盛開始轉向衰落的時候以毒攻毒，實施了一次反殖民的文學行動。

從文體風格上看來，《帕帕拉吉》也很像自斯威夫特（Jonathan Swift）的《格列佛遊記》（*Gulliver's Travels*）以來直到埃利希·薛曼同時代人奧匈帝國的卡爾·克勞斯（Karl Kraus）所為，屬於憤世嫉俗者最巧妙的攻擊，讓你無從還擊——這是一個你們眼中最落後民族的酋長說的胡言亂語呀，你怎麼當真了呢？

但杜亞比背後，埃利希·薛曼非常革命。《帕帕拉吉》一書從人類物質生活的無度追求、精神生活的虛妄等方方面面都加以質疑，有的只是跳出此山中的疏離效果，也許可以理解為文化差異產生的荒謬。但更多的是觸及西方文化本質矛盾的一針見血。比如談論金錢那篇，簡直帶有樸素的左翼思想：「那些他們稱之為『錢』的東西，是白人最真實的神性。」

「因為他是這麼窮，他的國家是這麼悲傷，於是就開始拿取東西、收集起來，就像一個傻瓜收集枯葉，用這些東西塞滿他的屋子。而他卻也嫉妒我們，並且希望我們變得跟他一樣窮。」「許多白人酋長、許多男人與女人什麼也不做，只管把這些東西擺到所屬的位置，並擦去上面的沙子。即便是最高的陶波，也要花上許多時間去數算自己的許多東西，搬動並且清潔它們。」這樣不動聲色如荒誕劇的白描一樣的段落不勝枚舉，令人拍案叫絕。

他對拜物主義、消費主義的批判就算沒有馬克思的影響，也夠得上是哲學性質的質疑——一個「土著酋長」點破了我們一直在自欺欺人地浪費人生。在對人生觀的質疑時，他進一步採取了像禪宗對待理性主義的態度，他以一個無時無刻不在憂慮思索的帕帕拉吉為例，描繪了後者的可憐：

「這是一種對於自我思索的陶醉。太陽出來以後，他們馬上想著：現在太陽出來了，多好！他們經常不斷地想：現在太陽出來了，多好。這是錯的，完全錯誤。愚蠢啊。因為太陽出來的時候最好什麼都不要想。一個聰明的薩摩亞人會在溫暖的陽光下伸展四肢，什麼也不想。……對於帕帕拉吉而言，思想有如一大塊火山熔岩，屢屢擋住去路，因為它無能夢想。他或許會高興地思索，卻笑不出來，他或許會悲傷地思索，卻哭不出來。他肚子餓，卻不去拿芋頭或帕魯薩米來吃。」

帕帕拉吉與薩摩亞人的人生答案之不同，就好似這則公案所示：有人問大珠慧海禪師是怎麼用功的，他答道：「飢來吃飯睏來眠。」又問：「一切人總如是，同師用功否？」他說「不同。他吃飯時不肯吃飯，百種須索；睡時不肯睡，千般計較。」

這種寓言體加上頓悟棒喝的寫法，放在現代文學中也是先鋒的，後來卡爾維諾（Italo Calvino）寫他的《看不見的城市》（*Le città invisibili*）、《帕洛瑪先生》（*Palomar*）等時發揚光大。

關鍵是既要有批判能力，又要有童心，還要有超然的幽默感。《帕帕拉吉》因此沒有說教味，逸興飛舞的時候甚至妙語連珠——「它是上帝從泥土中伸向我們的手。上帝有許多雙手。每棵樹、每朵花，每根草，每片海，天空與雲朵，都是上帝的手。我們可以抓住它，並且為此感到高興；但我們不能說上帝的手是自己的。」這是一首詩——或者說，無私的思想本來就是一首詩。

詩意以外，《帕帕拉吉》也展現了先知般的批判能力，比如〈虛幻的人生場合與許多紙張〉一章，可以視為最早的關於電影與媒體本質的反思批評文章。像「因為那些觀看的人，總是固執地以為自己比置身光影裡的人還要優越，認為自己能夠避開那些展現在他面前的愚蠢。他們屏氣凝神、眼睛望著牆壁，只要看見強壯的心靈與高貴的映像，他就會占為己有，並且心想——這是我的映像。」其犀利，如出自當今齊澤克（Slavoj Zizek）之類學術毒舌之手。

讀《帕帕拉吉》唯一的顧慮，可能是覺得如果這樣完全否定西方文明數千年的發展，會不會走向徹底的虛無主義了？恰恰相反，只要接近關於死亡的思索，就會發現越是「積極」、功利的西方進取人生觀，面對死亡的時候越無力，虛幻感越大。薩摩亞人的生死觀，更像是陶淵明寫的「縱浪大化中，不喜亦不懼」——就像說一個衝浪的人，無所謂那大浪蓋頂，無所謂自己的衝浪板被顛覆，整個人就投身進去，人與浪合而為一，「大化」就是這個宇宙運行的真理，你就把自己當成浪花的一滴，投身大海裡面就好——而此前的衝浪的過程，就是生，盡情享受陽光與海浪即可。

這讓我想起在《快樂的死》（*La mort heureuse*）中，卡繆（Albert Camus）也是直接在對當下的快樂體驗中反思死亡的。「漫長的冬天即將展開。但他已經成熟得足以迎接它了。」他日後關於生死的思索，也和薩摩亞人相似，而遠離可憐的帕帕拉吉——杜亞比酋長所期待的人類覺醒，經由卡繆這樣的存在主義者加持，在一九六〇年代之後終於來到一個分岔口，從此帕帕拉吉當中的覺醒者可以有不一樣的人生選擇。

不過，當今之世還是固執不變的帕帕拉吉占了大多數。除了在服裝的簡潔上這幾十年帕帕拉吉的時尚學習了薩摩亞人，其他慾望和荒誕基本上還是和這本一百年前的書所總結的沒有多少變化，甚至變本加厲。

假如現在寫這本書要加進去多少笑話？像〈在石箱屋、裂縫與石頭島之間〉那一章的諷刺，已經追不上當下的地產霸權和旅遊業開發迷思，「我們也要不計一切地阻止他們，別讓帕帕拉吉在我們陽光普照的海濱建造石箱屋，讓我們的人間之樂被他們規劃的石頭、裂縫、噪音、煙塵與沙子所摧毀。」杜亞比的恐懼，也一語成讖了——君不見帕帕拉吉的怪手，早已佈滿了薩摩亞等世外桃源，而且前來購買陽光與海灘的，還有亞洲的帕帕拉吉們。

廖偉棠（詩人、作家）

帕帕拉吉！劃破天空的文明人
南太平洋酋長眼中荒謬的現代文明【百年經典重現】
Der Papalagi

作　　者　埃利希·薛曼
（Erich Scheurmann）
翻　　譯　彤雅立
封面設計　Narrative
內頁排版　高巧怡
行銷企劃　林瑀、陳慧敏
行銷統籌　駱漢琦
業務發行　邱紹溢
責任編輯　墨丸
果力總編　蔣慧仙
漫遊者總編　李亞南
出　　版　果力文化／漫遊者文化事業股份有限公司
地　　址　台北市松山區復興北路331號4樓
電　　話　(02) 2715-2022
傳　　真　(02) 2715-2021
服務信箱　service@azothbooks.com
網路書店　www.azothbooks.com
臉　　書　www.facebook.com/azothbooks.read
營運統籌　大雁文化事業股份有限公司
地　　址　台北市松山區復興北路333號11樓之4
劃撥帳號　50022001
戶　　名　漫遊者文化事業股份有限公司
初版一刷　2021年9月
定　　價　台幣260元

ISBN　978-986-06336-5-8

國家圖書館出版品預行編目 (CIP) 資料

帕帕拉吉! 劃破天空的文明人 : 南太平洋酋長眼中荒謬的現代文明(百年經典重現)/ 埃利希. 薛曼(Erich Scheurmann) 著 ; 彤雅立譯. -- 初版. -- 臺北市 : 果力文化, 漫遊者事業股份有限公司出版 : 大雁文化事業股份有限公司發行, 2021.09
面 ;　公分, 譯自 : Der Papalagi
ISBN 978-986-06336-5-8(平裝)
1. 西洋文化 2. 文明史
740.3　　110014697